ALAN WATTS

OM

ALAN WATTS
OM
KREATIVE MEDITATION

SPHINX VERLAG BASEL

**Aus dem Amerikanischen
von Matthias Güldenstein**

Herausgegeben und bearbeitet
von Judith Johnstone

Die Texte dieser Sammlung wurden aus dem reichen Material der Alan Watts Tape Archives ausgewählt. Wenn Sie Informationen über das gesprochene Wort von Alan Watts wünschen, schreiben Sie an: Electronic Educational Programs, P.O. Box 361, Mill Valley, California 94941.

CIP-Kurztitelaufnahme der Deutschen Bibliothek

Watts, Alan:
Om: kreative Meditation / Alan Watts.
[Aus d. Amerikan. von Matthias Güldenstein.
Hrsg. u. bearb. von Judith Johnstone]. –
Basel: Sphinx-Verlag, 1982.
  Einheitssacht.: Om ‹dt.›
  ISBN 3-85914-146-5
NE: Johnstone, Judith [Bearb.]

1982
© 1982
Alle deutschen Rechte vorbehalten
© 1980 Electronic University, USA
Originaltitel: Om — Creative Meditations
Celestial Arts, Millbrae, USA
Umschlaggestaltung: Thomas Bertschi
Umschlagbild: Carlos Delgado
Produktion: Charles Huguenin
Gesamtherstellung: Zobrist & Hof AG, Pratteln
Printed in Switzerland
ISBN 3-85914-146-5

OM

Bring dort vom Baum eine Feige.
Hier ist sie, Meister.
Öffne sie.
Meister, es ist geschehen.
Was siehst du darin?
Winzigkleine Kerne, Meister.
Öffne einen.
Meister, es ist geschehen.
Was siehst du nun?
Meister, ich kann überhaupt nichts sehen.
Dieser allerfeinste Stoff, mein Sohn, den du nicht siehst,
Ist das Selbst des ganzen Universums.
Dies ist das Wirkliche
Dies ist das Selbst
Und du bist ES.

Inhalt

Vorwort von Mark Watts	9
Ich: Ein Fall von verkannter Identität	11
Om	43
Wir als Organismen	49
Om	81
Intellektueller Yoga	85
Om	113
Landschaft, Klang, und der Lauf des Wassers	117
Om	141
Die Grenzen der Sprache	145
Om	163
Sie ist schwarz	173

Vorwort

Die folgenden Meditationen sind Abschriften von Vorträgen, die sich mir in langen Stunden intensiven Abhörens als hervorragende Beispiele für die Lehren meines Vaters erwiesen haben. Meine Auswahl wurde sorgfältig redigiert von Judith Johnstone, die sich der heiklen Aufgabe, gesprochenes Wort in geschriebenes zu übertragen, in grossartiger Weise gewachsen zeigte. Ich bin entzückt, zu sehen, wie erfolgreich die ursprüngliche Wucht und persönliche Färbung dieser Aussagen eingefangen wurden.

Wenn Sie diese Seiten durchlesen, werden Sie feststellen, dass der Text noch immer den fliessenden Rhythmus seiner Sprechweise enthält, und Sie werden daran Freude haben, einzelne Abschnitte sich selbst oder Ihren Freunden laut vorzulesen.

Mark Watts
Mill Valley, Kalifornien
Frühjahr 1980

Ich:
Ein Fall von verkannter Identität

Wir werden nicht in diese Welt geboren, wir wachsen aus ihr heraus. Jeder von uns ist ein Ausdruck für den Zustand des Universums. OM.

Wenn wir ehrlich sind, so scheint mir, heisst wohl die faszinierendste Frage der Welt

WER BIN ICH?

Was meinst du, wenn du das Wort

ICH

aussprichst?

Was fühlst du, wenn du sagst

ICH SELBST?

Ich glaube, eine fesselndere Beschäftigung gibt es nicht. Was könnte ähnlich geheimnisvoll und schwer zu fassen sein?

Was du in deinem innersten Wesen bist, entzieht sich deinem prüfenden Zugriff: Wie du ja auch nicht vermagst dir selbst ohne Spiegel in die eigenen Augen zu blicken, mit deinen Zähnen deine eigenen Zähne zu beissen, und mit der Spitze deines linken Zeigefingers die Spitze deines linken Zeigefingers zu berühren. Deshalb ist immer etwas zutiefst Geheimnisvolles verbunden mit der Frage, *wer wir sind.*

Dieses Problem hat mich während vieler Jahre gefesselt, und ich habe viele Menschen danach gefragt, wer sie ihrer Meinung nach sind, und welche Vorstellung sie mit dem Wort *Ich* verbinden. Es stellt sich heraus, dass es da im grossen und ganzen eine gewisse Übereinstimmung gibt, besonders unter den Menschen, die in der westlichen Zivilisation leben.

Die meisten von uns empfinden es so, dass das Ich, Ego, Selbst, meine Quelle des Bewusstseins, ein Zentrum des Gewahrseins und eine Quelle des Handelns ist, das in der Mitte eines Sackes aus Haut, Fleisch und Knochen zuhause ist. Wir haben also eine Vorstellung von uns selbst, die ich ein hautumschlossenes Ego nenne.

In der Umgangssprache benützen wir das Wort *Ich* auf eine recht eigenartige Weise. Wir sind nicht gewohnt zu sagen: «Ich bin ein Körper», eher sagen wir: «Ich habe einen Körper.» Wir sagen nicht: «Ich schlage mein Herz», wie wir etwa sagen würden: «Ich gehe, ich spreche oder ich denke.» Wir haben den Eindruck, dass unser Herz von selbst schlägt, und dass wir selbst kaum etwas damit zu tun haben.

Siehst du, wir betrachten

> «uns selbst»

als nicht identisch mit unserem ganzen physischen Organismus. Wir betrachten uns als etwas *innerhalb* dieses Organismus.

Die meisten Menschen im Westen lokalisieren ihr Ego in ihrem Kopf. Du befindest dich irgendwo zwischen deinen Augen und deinen Ohren, und alles übrige baumelt an diesem Bezugspunkt! Dies ist anders in andern Kulturen. Wenn Japaner oder Chinesen ihr eigenes Zentrum lokalisieren wollen, zeigen sie auf ihre Herzgegend. Einige Menschen empfinden ihr Ich auch im Sonnengeflecht. Aber wir im Westen empfinden uns selbst im allgemeinen mitten in unserem Kopf, als ob unter der Schädeldecke ein winziges Kontrollzentrum eingerichtet wäre. Wir haben wahrhaftig die Vorstellung, wir seien ein winzig kleines Menschlein, das mitten in unserem Kopf sitzt, mit Kopfhörern, um die Meldungen von den Ohren aufnehmen zu können, vor einem Fernsehschirm, der die Meldungen der Augen vermittelt, umgarnt mit Elektroden, die Empfindungen von der Haut heranleiten, und über ein Schaltpult mit Knöpfen, Zeigern und Hebeln gebeugt, mittels dessen der Körper mehr oder weniger unter Kontrolle gehalten werden kann. Das Ich-Menschlein ist nicht mein Körper, denn ich bin ja Herr über die Handlungen des Körpers, die ich als willkürlich ansehe. Gewiss, die sogenannten unwillkürlichen Aktivitäten des Körpers stossen mir zu, und ich werde von ihnen getrieben, aber bis zu einem gewissen Grad kann ich meinen Körper beherrschen.

Dies ist, glaube ich, die im Westen übliche Auffassung vom Selbst.

Sehen wir uns doch mal an, was für Fragen Kinder stellen, die von unserem kulturellen Klima beeinflusst worden sind:

> «Mami, wer wäre ich gewesen, wenn ich einen anderen Papi gehabt hätte?»

Siehst du, unsere Kultur vermittelt dem Kind die Idee, dass Vater und Mutter einen Körper bereitstellen, in den das Kind zu einem bestimmten Zeitpunkt hineinschlüpft. Ob dies bei der Empfängnis oder bei der Geburt geschieht, ist ein bisschen unklar. Unser ganzes Denken ist von der Vorstellung geprägt, dass wir eine Seele oder eine gewisse spirituelle Wesenheit sind, die in einem Körper eingesperrt ist, und dass wir von da hinausblicken auf eine Welt, die uns fremd ist. Diese Ansicht drückte der Dichter A. E. Housman mit den Worten aus: «I, a stranger and afraid, in a world I never made.» (Ich, ein Fremder und verzagt in einer Welt, die ich nie geschaffen habe.)

Wir sprechen davon

> der Wirklichkeit *gegenüberzutreten,*
> den Tatsachen *ins Auge zu blicken,*
> *auf* die Welt *zu kommen.*

Von Geburt an werden wir dazu erzogen uns als Hautsäcke zu betrachten, die anderen «Zugezogenen» gegenüberstehen, in einer Welt, die uns zutiefst fremd ist; es ist unser eingefleischter Glaube, dass alles, was ausserhalb von mir ist, nicht ich bin. Dadurch wird natürlich ein grundlegendes Gefühl von Feindschaft und Entfremdung zwischen uns und der sogenannten Aussenwelt aufgebaut. Das führt dazu, dass wir von einer *Eroberung* der Natur, der *Eroberung* des Weltraums sprechen und uns in einer Art Gefechtsstellung sehen im Kampf gegen die Welt da draussen.

Ich möchte das merkwürdige Gefühl, ein isoliertes Selbst zu sein, näher untersuchen. Im Grunde ist es völlig absurd zu sagen, dass wir in diese Welt geboren wurden, zur Welt kamen. Wir kamen nicht *zur* Welt, wir kamen *von* ihr oder *aus* ihr.

    Wofür hältst du dich?

Wenn die Welt ein Baum ist, bist du ein Blatt an einem seiner Äste?

    Oder bist du ein Vogel,
    der sich auf einen abgestorbenen Baum gesetzt hat?

Gewiss zeigen uns alle unsere wissenschaftlichen Erkenntnisse über lebende Organismen, dass wir aus dieser Welt herauswachsen, dass jeder von uns ein Ausdruck für den Zustand des Universums in seiner Gesamtheit genannt werden könnte.

Die westliche Zivilisation stand während vieler Jahrhunderte unter dem Einfluss zweier grosser Mythen. (Wenn ich das Wort *Mythos* benütze, so meine ich damit nicht unbedingt Unwahrheit. Für mich sind Mythen grosse Ideen oder Bilder, mit deren Hilfe Menschen versuchen, den Sinn der Welt zu erfassen.)

Der erste Mythos, der den Westen tiefgreifend beeinflusst hat, ist die Vorstellung, dass die Welt erschaffen wurde, wie der Tisch von einem Tischler oder der Topf von einem Töpfer. Ja, in der Schöpfungsgeschichte finden wir sogar den Gedanken, dass der Mensch ursprünglich eine Lehmfigur war, von Gott aus Erde geformt, und dass Gott dann dieser Lehmfigur den Atem einblies und ihr so das Leben verlieh. Das ganze westliche Denken ist vollkommen von dem Gedanken durchdrungen, dass alle Dinge, alle Ereignisse, alle Menschen, alle Berge, alle Sterne, alle Blumen, alle Heuschrecken, alle Würmer und alle Seesterne erschaffen worden sind. Es ist deshalb für ein westliches Kind ganz natürlich zu fragen:

  Wie bin ich gemacht worden?

Diese Frage wäre bei einem Chinesenkind ganz unnatürlich, weil die Chinesen sich nicht vorstellen, dass die Natur gemacht worden ist, sondern dass sie wächst. Und das sind zwei grundsätzlich verschiedene Vorgänge.

Wenn du etwas herstellst, setzt du es entweder zusammen, indem du die einzelnen Teile miteinander verbindest, oder du formst es, indem du von aussen nach innen arbeitest, wie wenn du etwa ein Standbild aus einem Stück Holz oder Stein herausmeisselst.

Wenn du zusiehst, wie etwas wächst, wirst du einen ganz anderen Vorgang beobachten. Da werden keine Teile zusammengesetzt, sondern es entfaltet sich von innen her und bildet sich selbst immer feiner aus, es entwickelt sich wie eine Blüte aus einer Knospe oder wie ein Same, der zur Pflanze wird.

Aber bei uns im Westen steht hinter unserem ganzen Denken die Grundidee, dass die Welt ein geschaffenes Werk sei, zusammengesetzt von einem himmlischen Architekten, Zimmermann und Künstler, der deshalb auch weiss, wie alles gemacht wurde.

Als ich ein kleiner Junge war, stellte ich meiner Mutter viele Fragen, die sie nicht beantworten konnte. Verzweifelt pflegte sie sich in den Satz zu flüchten:

«Mein Lieber, es gibt Dinge, die wir nie wissen werden.»

Wenn ich dann fragte:

«Und, werden wir sie jemals herausfinden können?»

antwortete sie:

«Ja, wenn wir gestorben sind und in den Himmel kommen, dann wird uns alles erklärt werden.»

Und ich pflegte mir vorzustellen, dass wir an nasskalten Nachmittagen im Himmel alle um den Gnadenthron sitzen würden und zum Lieben Gott sagen:

«Sag mal, warum hast Du das auf diese Art geschaffen, und wie hast Du das fertiggekriegt?»

und Er würde es so erklären, dass alles ganz klar und verständlich wäre. Alle Fragen würde Er beantworten. Die Volkstheologie sieht Gott als das Meistergenie, das alles weiss. Wenn du den Lieben Gott fragtest, wie hoch auf den Millimeter genau die Zugspitze ist, er würde es wissen und würde es dir mitteilen. Er ist eine kosmische Enzyklopädie.

Dieses bestimmte Bild oder dieser Mythos wurde unglücklicherweise zu viel für uns, weil es zu bedrückend war. Das Gefühl, dass dich ein unendlich gerechter Richter durch und durch kennt und dauernd beobachtet, geht ganz schön auf die Nerven. Und deshalb haben wir dafür einen andern Mythos eingeführt, den des rein mechanischen Universums. Er wurde Ende des 18. Jahrhunderts erfunden und kam im Laufe des 19. und bis weit ins 20. Jahrhundert so in Mode, dass er heute Allgemeingut des «gesunden Menschenverstandes» ist. Nur wenige Menschen glauben wirklich im altmodischen Sinne an Gott. Sie sagen zwar, dass sie an Gott glauben, aber sie vertrauen nicht wirklich auf ihn. Sie hoffen, dass es Gott gebe, sie haben den brennenden Wunsch, es möge einer existieren, und sie haben den Eindruck, sie sollten daran glauben, dass es einen gibt. Aber die Vorstellung von einem Universum, das von einem wundervollen alten Herrn verwaltet wird, ist heute nicht mehr einleuchtend.

Nicht etwa, dass irgendjemand die Existenz Gottes widerlegt hätte, aber die Vorstellung verträgt sich irgendwie nicht mehr mit der unendlichen Weite der Milchstrassensysteme, den unermesslichen, lichtjahregrossen Entfernungen zwischen diesen Systemen und ähnlichen Dingen. So ist es stattdessen modern geworden – und es ist nichts weiter als eine Mode – zu glauben, dass das Universum ohne jeden Sinn und Verstand sei, und dass Intelligenz, Werte, Liebe und zarte Gefühle nur in diesem Sack aus menschlicher Haut zu finden seien. Und dass alles ausserhalb lediglich eine Art stumpfsinniges, chaotisches Zusammenspiel blinder Kräfte wäre.

Freud hat uns mit der Vorstellung konfrontiert, dass das biologische Leben auf dem gründet, was er *Libido* genannt hat, was ein sehr, sehr belastetes Wort ist. Worauf es schliesslich hinausläuft ist, dass blinde, erbarmungslose und unverständige Begierde die Grundlage des Unbewussten des Menschen bildet. Unter den Denkern des 19. Jahrhunderts, wie etwa Hegel, T. H. Huxley – und sogar Darwin – war die Idee weit verbreitet, dass in der Wurzel unseres Wesens diese blinde, ganz und gar blöde Energie waltet, und dass wir unsere Intelligenz einem unglücklichen Zufall zu verdanken haben. Durch irgendeine sonderbare Laune der Entwicklung sind wir zu diesen fühlenden und vernünftigen (nun ja, mehr oder weniger vernünftigen!) Wesen geworden, und dies war ein scheusslicher Missgriff, denn nun sind wir in einem Universum, das nichts mit uns gemeinsam hat, das weder unsere Gefühle mit-empfinden, noch ein wirkliches Interesse an uns haben kann. Wir sind nichts als eine kosmische Flunder, und die einzige Hoffnung für die Menschheit liegt darin, das unvernünftige Universum unter die Knute zu kriegen, es zu erobern und zu meistern.

Das ist nun alles völliger Unsinn. Du kannst nicht die Idee von einem Universum nehmen, das die Schöpfung eines wohlwollenden alten Herrn ist (der eine Das-tut-mir-mehr-weh-als-dir-Einstellung hat, was der Betroffene als weniger wohlwollend empfindet), und sie durch die Vorstellung einer Realität ersetzen, die letztlich bar aller Intelligenz ist. Das ergibt keinen Sinn, weil du einen intelligenten Organismus wie den Menschen nicht aus einem unintelligenten Universum heraus entstehen lassen kannst. Die Aussage des Neuen Testaments, dass an Disteln keine Feigen wachsen und an Dornbüschen keine Trauben gilt in gleicher Weise auch für das Weltall.

Ein Baum im Garten bringt jeden Sommer Äpfel hervor, und wir nennen ihn Apfelbaum, weil der Baum Äpfel trägt *(äpfelt),* das ist seine *Tätigkeit.* Jetzt gibt es da ein Sonnensystem innerhalb einer Galaxis, und eine der Besonderheiten dieses Sonnensystems ist es, dass es, zumindest auf dem Planeten Erde, *Menschen* trägt. Das Ding «menschelt» genau auf die gleiche Art, wie der Apfelbaum «äpfelt».

Siehst du, wir wachsen aus dieser unserer Welt heraus auf ganz genau die gleiche Art, wie Äpfel an einem Apfelbaum wachsen. Wenn Evolution überhaupt irgendeine Bedeutung hat, dann eben diese. Aber eigenartigerweise verdrehen wir irgendwie alles, indem wir sagen: Als erstes, am Anfang, war gar nichts als Luft und Steine, und dann geschah es, dass darin Intelligenz aufspriesste, wie eine Art Pilz oder eine schleimige Absonderung obendrauf. Diese Vorstellung trennt die Intelligenz von den Felsen.

Lass mich dir sagen: Pass auf, wo Felsen sind.

Pass auf.

Denn die Felsen könnten auf einmal lebendig werden und sie werden über und über mit Menschen bedeckt sein, die auf ihnen herumkriechen.

Das ist bloss eine Frage der Zeit.

Dies wird auf genau die gleiche Art geschehen, wie sich die Eichel auf einmal in eine Eiche verwandelt – weil sie die Fähigkeit dazu in sich trägt.

Steine sind nicht tot.

Vor vielleicht zwei Millionen Jahren kam jemand aus einem anderen Milchstrassensystem in einer fliegenden Untertasse, guckte sich dieses Sonnensystem an, zuckte mit den Schultern und sagte:

«Nur ein Haufen Steine»

und flog wieder weg. Später, vielleicht zwei Millionen Jahre später, kamen sie zurück, guckten es sich nochmals an und sagten:

«Verzeihung,
wir dachten, es sei nur ein Haufen Steine,
aber jetzt trägt es Menschen – es lebt also doch,
es hat etwas Intelligentes getan.»

Wie willst du dich der Welt gegenüber einstellen?

Wenn du die Erde schlecht machen willst, sagst du: «Na ja, im Grunde ist's bloss eine Menge Geologie, es ist alles stumpfsinnig, und rein zufällig ist da irgendein Aussenseiter aufgetaucht, den wir Bewusstsein nennen.» Diese Einstellung kannst du dir aneignen, wenn du den Leuten beweisen willst, dass du ein hartgesottener Denker bist, ein Realist, dass du den Tatsachen ins Auge siehst und dich nicht einem Wunschdenken hingibst. Es geht da einfach um eine Rolle, die du spielst, und dessen musst du dir bewusst sein. Auch in der intellektuellen Welt gibt es Modeströmungen.

Andererseits, wenn du dem Universum ein warmherziges Gefühl entgegenbringst, dann lobpreist du es, anstatt es schlecht zu machen. Du sagst von den Steinen, dass sie wirklich Bewusstsein besitzen, wenn auch eine sehr einfache Form von Bewusstsein. Schliesslich antwortet ein Kristallglas, wenn du es antippst, mit einem Klang, und diese Antwort, diese Resonanz ist eine ausserordentlich einfache Art von Bewusstsein. Das Glas hat eine sehr einfache Reaktion – es schwingt und klingt in sich selbst. Unser Bewusstsein ist sehr viel differenzierter. Bei uns klingen allerlei Farben und Lichter, intelligente Ideen, Gedanken und Gefühle an; unser Bewusstsein ist komplizierter, aber bewusst sind beide, nur in unterschiedlichem Ausmass.

Dies ist eine durchaus annehmbare Ansicht, und genau das Gegenteil der zuerst dargestellten. Ich sage also, dass Minerale eine rudimentäre Form von Bewusstsein sind, während andere behaupten, dass Bewusstsein eine hochkomplizierte Form von Mineralien sei.

Jene wollen alles herabziehen und sagen, alles sei irgendwie Quatsch. Ich möchte «Hurra!» rufen, und das Leben ist ein prima Ding.

Wenn wir den Menschen oder irgend sonst einen lebenden Organismus studieren und versuchen, ihn treffend und wissenschaftlich zu beschreiben, merken wir, dass unser normales Gefühl, wir seien isolierte Egos in einem Hautsack, eine Halluzination ist. Wirklich, es ist ein Hirngespinst, es ist absolut blödsinnig! Denn wenn du das Verhalten eines Menschen – oder das einer Ratte, einer Maus, eines Kükens – oder wessen auch immer beschreiben willst, wirst du feststellen, dass du, um treffend zu sein, auch das Verhalten seiner Umwelt beschreiben musst.

Nimm an, ich mache ein paar Schritte, und du willst die Tätigkeit dieses Schreitens beschreiben. Du kannst nicht über mein Schreiten erzählen, ohne den Boden zu beschreiben. Wenn du den Boden, auf dem ich gehe, und den Raum, den ich durchschreite, nicht beschreibst, wird das, was du beschreibst, bloss jemand sein, der seine Beine im leeren Raum baumeln lässt. Deshalb musst du, um mein Schreiten zu beschreiben, den Raum beschreiben, in dem du mich antriffst.

Verstehst du, du könntest mich gar nicht sehen, wenn du nicht auch meinen Hintergrund sehen könntest, das, was hinter mir steht. Wenn ich, der Umfang meiner Haut, meine Kontur also, genau den Umkreis deines Gesichtsfeldes ausfüllte, würdest du mich überhaupt nicht sehen. Du würdest mich nicht sehen, weil du, um mich zu sehen, nicht nur sehen musst, was sich innerhalb der Grenzen meiner Haut befindet, sondern auch, was sich ausserhalb dieser Grenzen befindet. Das ist furchtbar wichtig. Tatsächlich, es ist das grundlegende Urmysterium, das einzige, was du wissen musst, um einzusehen, dass folgendes das tiefste metaphysische Geheimnis ist:

> Für jedes Aussen gibt es ein Innen,
> und für jedes Innen gibt es ein Aussen,
> und obwohl sie Gegensätze sind, gehören sie zusammen.

Mit andern Worten, es gibt eine geheime Verschwörung zwischen allen Innen und allen Aussen, und die Verschwörung besteht darin: So verschieden wie möglich auszusehen und im Grunde doch identisch zu sein, denn niemals findest du das eine ohne das andere.

Das also ist das Geheimnis. Was esoterisch ist, tiefgründig und grundlegend, das wollen wir «innenwendig» nennen; und was offensichtlich ist und von aussen erkennbar, wollen wir «aussenwendig» nennen.

Ich und meine Umwelt und du und deine Umwelt sind aussenwendig so unterschiedlich, wie überhaupt nur möglich, aber innenwendig stimmen sie überein. Und genau dies entdeckt der Wissenschaftler, wenn er versucht, das, was geschieht, treffend zu beschreiben (was ja die Kunst der Wissenschaft ist). Wenn er genau beschreibt, was du tust, findet er heraus, dass du, dein Verhalten, etwas ist, das nicht getrennt werden kann vom Verhalten deiner Umwelt. Dann wird ihm bewusst, dass du etwas *bist*, das die ganze Welt *tut*. Genau wie das Meer Wogen hat – das Meer, der Ozean *wogt* – so ist jeder von uns ein *Wogen* des ganzen Kosmos.

Abwechslung macht das Leben süss, und deshalb bin ich hier.
Aber das Komische ist, dass wir nicht dazu erzogen worden sind,
so zu empfinden. Anstatt dass wir das Gefühl haben, jeder
einzelne von uns sei etwas, was der ganze Lebensbereich *tut,*
haben wir den Eindruck etwas zu sein, das mit unserer Geburt als
Fremder in den ganzen Lebensbereich gekommen ist. (Wir wissen
wirklich nicht, woher wir gekommen sind, weil wir uns nicht
erinnern.) Und wir denken, dass wenn wir sterben, dann wird
sich's eben damit haben.

Einige Leute trösten sich mit der Vorstellung, dass sie in den
Himmel kommen, oder dass sie wiedergeboren werden, oder
sonst was. Die Leute glauben das aber nicht wirklich.

Was aber die meisten Leute wie ein Alptraum verfolgt, ist der
Gedanke, dass sie beim Sterben einschlafen und nie wieder auf-
wachen. Sie werden für immer im sicheren Panzerschrank der
Dunkelheit eingeschlossen sein. Aber alle diese Vorstellungen
sind die Folge einer falschen Idee von dem, was wir selbst sind.

Der Grund, weshalb wir diese falsche Vorstellung von uns selbst haben, liegt, soweit ich das beurteilen kann, darin, dass wir uns auf eine bestimmte Art von Bewusstsein spezialisiert haben. Wir haben aber in einem allgemeinen Sinn (grob gesagt) zwei Arten von Bewusstsein: Eines ist sozusagen der Punktscheinwerfer, das andere das Flutlicht.

Der Punktscheinwerfer ist das, was wir bewusste Aufmerksamkeit nennen. Diese wird uns von frühester Kindheit an als die wertvollste Form des Bewusstseins anerzogen. Wenn der Lehrer in der Schule ruft: «Aufpassen!», starrt jeder den Lehrer an oder wendet sich schnell ihm zu. Das ist das Punktscheinwerfer-Bewusstsein, das deine Aufmerksamkeit auf ein Ding nach dem andern fixiert. Wenn du dich konzentrierst, auch wenn du nicht imstande sein magst, deine Aufmerksamkeit sehr lange wachzuhalten, wendest du deinen Bewusstseinsstrahl von einer Sache zur nächsten – hop, hop, hop, hop, so hüpft der Punktscheinwerfer.

Aber wir haben noch eine andere Art von Bewusstsein, die ich das Flutlicht nennen möchte. Du kannst zum Beispiel dein Auto viele Kilometer weit steuern, während ein Freund neben dir sitzt, und dein Punktscheinwerfer-Bewusstsein ist vollkommen auf die Unterhaltung mit deinem Freund ausgerichtet. Trotzdem wird dein Flutlicht-Bewusstsein dafür besorgt sein, dass du dein Auto richtig fährst, es wird alle Stopsignale beachten, die andern Autos auf der Strasse, usw., und du wirst sicher an dein Ziel gelangen, ohne auch nur einen Augenblick daran denken zu müssen.

Unsere Kultur hat uns gelehrt, uns auf das Punktscheinwerfer-Bewusstsein zu spezialisieren und uns einzig und allein mit dieser Form der Bewusstheit zu identifizieren. Ich bin mein Punktscheinwerfer-Bewusstsein. Meine bewusste Aufmerksamkeit: Das ist mein Ego, das bin ich.

Im grossen und ganzen ignorieren wir das Flutlicht, obwohl es dauernd arbeitet. Jeder Nerv, den wir besitzen, ist sein Werkzeug.

Weil wir dazu erzogen worden sind, uns mit dem Punktscheinwerfer zu identifizieren und das Flutlicht-Bewusstsein zu unterschätzen, haben wir dieses Gefühl nur gerade der Punktscheinwerfer zu sein, nur gerade das Ego, das seine Aufmerksamkeit und seinen Blick dahin und dorthin wendet. Und deshalb wissen und bemerken wir nichts von der grossartigen Weite unseres Seins.

Menschen, die sich ihres Flutlicht-Bewusstseins – durch Anwendung verschiedener Mittel – voll gewahr werden, haben das, was man ein mystisches Erlebnis nennt, oder ein kosmisches Bewusstsein. Die Buddhisten nennen es Erwachen. Die Hindus nennen es Befreiung, weil sie entdecken, dass das wahre, das Grundselbst – das was du im tiefsten Wesen und für immer bist – die Gesamtheit allen Seins ist.

> Alles was da ist,
> die ganze Schöpfung,
> das bist du.

Nur dieses universelle Selbst, das du bist, hat die Fähigkeit, sich auf so viele verschiedene Hier und Jetzt einzustellen und zu konzentrieren. Wenn du also das Wort *Ich* benützt, dann ist es, wie William James sagte, in Wirklichkeit eine Ortsbestimmung wie die Wörter *dieses* oder *hier*. Genau wie ein Stern oder eine Sonne viele Strahlen hat, drückt sich der ganze Kosmos in jedem von uns mit allen unseren unterschiedlichen Abwandlungen aus. Er spielt Spiele.

Er spielt das Hans Meier-Spiel, das Lieschen Müller-Spiel, das Käfer-Spiel, das Schmetterlings-Spiel, das Vogel-Spiel, das Tauben-Spiel, das Fisch-Spiel, das Stern-Spiel. Das sind Spiele, die sich voneinander auf die gleiche Art unterscheiden, wie Backgammon, Whist, Poker und Bridge, oder Walzer, Mazurka und Polka. Der Kosmos tanzt mit unendlichen Abwandlungen.

Aber jeder einzelne Tanz, den er tanzt, das heisst, den *du* tanzt, ist die Bewegung des Ganzen. Das vergessen wir. Wir sind so erzogen worden, dass wir der Verbindung nicht gewahr sind, dass wir nicht gewahr werden, dass jeder von uns *die Schöpfung* ist, und sie für eine Weile auf diese Art spielt.

Man hat uns gelehrt den Tod zu fürchten, als sei er der Schluss der Vorstellung, und nichts würde danach mehr geschehen. Daher fürchten wir alles, was den Tod herbeiführen könnte: Schmerzen, Krankheit und Leiden. Und wenn du es nicht weisst – verstehst du – wenn die Tatsache, dass du im Grunde *die Schöpfung* bist, in deinem Bewusstsein nicht ganz lebendig wird, dann hast du keine rechte Lebensfreude. Du bist bloss ein Bündel voller Furcht vermischt mit Schuld.

Wenn wir Kinder zur Welt bringen, spielen wir mit ihnen fürchterliche Spiele. Anstatt dass wir sagen: «Na, wie geht's dir? Willkommen bei den Menschen. Nun, mein Liebling, wir spielen hier einige sehr komplizierte Spiele, und dies sind die Spielregeln der Spiele, die wir spielen. Ich möchte, dass du sie lernst und verstehst, und später, wenn du ein bisschen älter geworden bist, kannst du dir vielleicht bessere Spielregeln ausdenken.» ... anstatt also ganz offen und geradeheraus zu sein mit unseren Kindern, sagen wir zu ihnen: «Na schön, jetzt bist du also da. Du bist nur auf Probe da, das verstehst du doch, und vielleicht, wenn du ein wenig erwachsener geworden bist, wirst du annehmbar sein, aber bis es so weit ist, sollte man dich nur sehen, nicht hören. Du bist noch ein völliges Durcheinander, und man muss dich erziehen und trainieren und schlagen, bis du menschlich wirst.» So werden uns diese Vorstellungen und Haltungen in der Kindheit eingeimpft und halten sich bis ins hohe Alter.

Die Art, wie du anfängst dürfte wohl auch die Art sein, wie du abschliesst. Viele Menschen leben mit dem Gefühl, dass sie im Grunde gar nicht hierher gehören, weil ihre Eltern als erstes zu ihnen gesagt haben: «Schau, eigentlich gehörst du gar nicht hierher, du bist hier geduldet, probeweise, du bist aber noch kein menschliches Wesen.» Und die Leute behalten dieses Gefühl bis ins hohe Alter, und so haben sie den Eindruck, dass dem Universum diese fürchterliche Gott-Vater-Elternfigur vorsteht, die uns wohl liebt und der nur unser Wohl am Herzen liegt, die aber die Peitsche nur zurückhält, um dadurch uns Kinder zu verziehen. Denn wen Gott liebt, den züchtigt er. Und deshalb haben sie nicht das Gefühl, dazuzugehören.

Die Christen sagen gar, wir seien Gottes Kinder durch Adoption und Gnade, nicht wirkliche Kinder, sondern bloss durch Adoption, Gnade und Duldung. Daher kommt das für westliche Menschen so charakteristische Gefühl, ein Fremder auf dieser Erde zu sein, ein momentaner Bewusstseinsblitz, zwischen zwei ewigen Finsternissen, und deshalb im dauernden Kampf mit allem: Nicht nur mit den Leuten, sondern auch mit der Scholle und mit den Elementen.

Das Symbol für all dies ist in unserer Kultur der Bulldozer. Da wo ich lebe, an Bord eines Fährbootes, da gibt's uns gegenüber auf der andern Seite des Wassers einige liebliche Hügel. Dort will man Häuser hinstellen – Vorstadtblöcke ausgerechnet.

Nun, wenn du auf einem Hügel leben willst, dann willst du auf einem *Hügel* leben, und wirst nicht den Hügel dadurch zerstören wollen, dass du dort wohnst. Aber genau dies wird geschehen. Zuerst werden sie die Kuppe wegbaggern, bis sie vollkommen flach ist, und dann werden sie den ganzen Hügel hinunter Terrassen abschaben. Das bringt die Ökologie des Hügels vollständig durcheinander, und mit der Zeit werden wahrscheinlich sämtliche Häuser hinunterfallen, aber bis dann wird schon alles bezahlt sein.

Natürlich würde ein guter Architekt ein Haus entwerfen, das zu dem Hügel passt.

Warum beauftragt derjenige, der das Land erschliessen will, nicht einen solchen Architekten?

Im Wesentlichen deshalb, weil er nicht das Gefühl hat, dass die äussere Umwelt sein eigener Körper ist.

    Sie ist es aber.

Die äussere Umwelt ist die Fortsetzung deines eigenen Körpers.

Ein intelligenter, sensibler Architekt «fragt» immer den Hügel, was für eine Art Haus er gerne auf sich bauen lassen würde.

Wenn er von der Art des Hauses eine fixe Vorstellung hat, und den Hügel zwingt, sich dieser zu unterwerfen, dann ist er von Sinnen. Er realisiert nicht, dass die äussere Umwelt sein Körper ist. Sobald ihm das klar wird, wird er seine Sinne wieder beisammen haben.

OM

OM.
Dieses Wort ist das ganze Universum.

Es wird erklärt, dass alles,
Vergangenes,
Gegenwärtiges und
Zukünftiges
der eine Klang ist: OM.

Und was es sonst noch über diese drei Einteilungen der Zeit hinaus geben mag, auch das ist in jedem Falle OM.

Am Anfang,
da war nur das Selbst,
wie einer, der allein ist.
Wenn es um sich blickte, sah es nichts
anderes als sich selbst.

Als erstes sagte es: «Ich bin.»
Und so entstand der Name «Ich»,
so dass bis auf den heutigen Tag
jeder, der gefragt wird: «Wer ist da?»
antwortet: «Ich bin's», und erst dann
den andern Namen nennt, den er noch tragen mag.

Das Selbst fürchtete sich,
wie einer, der allein ist, sich fürchtet.
Aber es dachte:
Nachdem es ja nichts gibt ausser mir selbst,
wovor sollte ich mich fürchten?

Und da verschwand die Furcht.

Denn: Wovor hätte es sich fürchten sollen?
Furcht kann nur von etwas Fremdem kommen.

Aber das Selbst kannte kein Ergötzen,
wie einer, der allein ist, kein Ergötzen kennt.
Es sehnte sich nach einem andern.
Und es dehnte sich aus zu der Form
von Mann und Frau in enger Umarmung,
und zerfiel dann in zwei Teile.
So kommt es, dass jeder eine Hälfte ist,
wie eine der Hälften einer halbierten Erbse.
Und die fehlende Hälfte wird von einem Partner ausgefüllt.

Dann begattete er sie
und zeugte alle Menschenwesen.
Sie dachte:
«Wie kann er mit mir kopulieren,
da er mich doch aus sich selbst gezeugt hat?»
Ich werde mich verbergen.

Sie verwandelte sich in eine Kuh,
aber er wurde zum Stier, und
indem er sie begattete,
zeugte er alles Vieh.

Und dann wurde sie eine Stute,
und er ein Hengst.
Sie eine Eselin,
und er ein Esel.

Sie eine Ziege,
und er ein Bock.

Sie ein Schaf,
und er ein Widder.

Und so wurden aus ihrer Vereinigung
alle Wesen geboren,
alle, die in Paaren existieren,
bis hinunter zu den kleinen Ameisen.

Er wusste:
Ich bin in Wirklichkeit dieses Universum,
denn ich habe dies alles gezeugt.

Und so wurde er zum Universum.

Wir als Organismen

Du bist ein integrierender Bestandteil des Kosmos. Alles was auf dich zukommt, ist der Rückfluss von all dem, was von dir ausgegangen ist. OM.

Das Gefühl, die Aussenwelt sei in gewisser Weise eine Schöpfung unserer Einbildungskraft, ist heute sehr in Mode. Es handelt sich da um die Wiederbelebung einer Vorstellung in der westlichen Philosophie, die man mit *Idealismus* zu bezeichnen pflegte, ein Begriff, der sich mehr auf den metaphysischen, als auf den moralischen Sinn des Wortes bezieht. Aber wir kommen mit ganz anderen Voraussetzungen zu dieser Anschauung, als Leute wie Hegel, Bischof Berkeley oder Bradley, jene grossen Idealisten der europäischen Tradition.

Der neue Idealismus hat eine eigenartig physikalische Grundlage. Man kann heute hören, dass «du dein ganzes Wissen schon in dir trägst» und dass also auch das Gefühl der Distanz zwischen dir und anderen Dingen oder Leuten, das Gefühl ihres Draussenseins, ein Inhalt deines Bewusstseins ist; dass deshalb all dies dein Bewusstsein ausmacht.

Dies hat natürlich allerlei höchst eigenartige Reaktionen hervorgerufen:

> Sind Dinge überhaupt da, wenn ich sie nicht beobachte,
> oder gibt es überhaupt irgendjemanden sonst,
> oder seid ihr alle nur meine höchste persönliche Traumvorstellung?

Man braucht sich nur eine Konferenz von Solipsisten (Leuten, die glauben, dass nur sie selbst existieren) vorzustellen, die darüber debattieren, wer von ihnen denn nun wirklich da sei, um die ganze Sache lächerlich zu machen! Darüberhinaus scheint in dieser Art von Philosophie keine Klarheit darüber zu herrschen, was die Begriffe *Denken* (mind) und *Bewusstsein* bedeuten. Denken, Seele und Geist waren schon immer unbestimmte und formlose Vorstellungen. Materie war im Gegensatz dazu sehr schroff und griffig. Wie sich diese beiden gegenseitig beeinflussen sollten, darüber ist sich noch niemand je so richtig klar geworden. Alle ordentlichen Gespenster bewegen sich glatt durch Backsteinmauern, ohne dass davon die Backsteine oder das Gespenst nur im geringsten berührt werden. Es ist deshalb schon immer ein Rätsel gewesen, wie ein inkarnierter Geist einen materiellen Körper in Bewegung versetzen kann.

Mit der Zeit kamen die Menschen auf den Gedanken, dass die Unterscheidung von Geist und Materie zwecklos sei. Wenn du eine solche Unterscheidung machst, dann tust du beiden Seiten Abbruch.

Wenn du versuchst, dir den denkenden Geist als immateriell vorzustellen, oder die Materie als geistlos, siehst du dich auf beiden Seiten vor einer Art Scherbenhaufen.

Es ist dasselbe wie mit einem Mystiker, der überhaupt nichts von einem Sinnenmenschen hat, oder einem Sensualisten, der überhaupt keinen Sinn für das Spirituelle hat. Ein solcher Sensualist ist ein lästiger Langweiler; ein solcher Mystiker ein überspiritueller Fanatiker.

Das gleiche gilt auch, wenn wir den Beruf des Heilers vom Priestertum abtrennen. Beide verlieren dabei. Nicht nur, weil sie ihre andere Hälfte verloren haben: Das Problem besteht darin, dass du mehr tust, als bloss zwei Spezialisationen aus einem ursprünglich einheitlichen Feld zu erschaffen, wenn du den Arzt vom Seelsorger trennst. Ein Priester-Arzt ist mehr als ein Priester und ein Arzt. Denn, indem der Priesterarzt sowohl mit dem Auge der Medizin als auch mit dem Auge der Religion sehen kann, sieht er nicht zwei verschiedene Gebiete, sondern binokular ein vereinigtes Gebiet dreidimensional.

Auf ganz ähnliche Art sind, wenn wir die Konzepte von Geist und Materie voneinander getrennt arbeiten lassen, beide beeinträchtigt. Der Geist wird unbestimmt – eine Art von seelischem Gas – und Materie wird blosses Zeug. Zwei Wissenschaften, die Biologie und die Neurologie, haben es uns ermöglicht, einen Übergang zu finden.

Durch die Biologie, und bis zu einem gewissen Grad auch durch die Physik, haben wir den Eindruck gewonnen, der Mensch könne ein objektiver Beobachter einer Aussenwelt sein, die nicht er selbst ist; dass er von ihr Abstand nehmen könne, sie betrachten und sagen, was da draussen ist.

Nun, eben das ist nicht möglich.

Wir können es zwar annähernd tun, aber wir können es nicht wirklich und vollständig tun, und zwar aus zwei Gründen:

Der wichtigere Grund besteht darin, dass uns Biologen ganz klar nachweisen, dass es keine Möglichkeit gibt, einen menschlichen Organismus eindeutig von seiner äusseren Umgebung zu trennen. Die beiden sind ein einziges Feld des Verhaltens.

Dazu kommt noch, dass Beobachtung das Beobachtete verändert. Das geschieht schon, wenn du nur etwas anguckst, und noch viel mehr natürlich, wenn du damit experimentierst, es «wissenschaftlich untersuchst». Du kannst keine Beobachtung durchführen, ohne in irgendeiner Weise mit dem, was du beobachtest in einen Austausch zu treten. Deshalb versuchen wir uns zu verstekken, wenn wir zum Beispiel das Verhalten und die Gewohnheiten von Vögeln beobachten wollen. Wenn du etwas beobachtest, darf es nicht wissen, dass du schaust.

Was du natürlich in letzter Konsequenz tun möchtest, du möchtest imstande sein, dich selbst zu beobachten, ohne zu wissen, dass du schaust. Wir möchten uns selbst erwischen, nicht etwa bei unserem besten Verhalten, sondern uns sehen, wie wir wirklich sind. Aber das ist ausgeschlossen.

Genausowenig kann der Physiker gleichzeitig die Position und Geschwindigkeit sehr kleiner Teilchen oder «Wellenteilchen» feststellen, weil der Versuch, atomares Verhalten zu beobachten, das was du betrachtest beeinträchtigt und verändert.

Die Untrennbarkeit von Menschenwesen und ihrer Umwelt lässt den Mythos vom objektiven Beobachter, der abseits steht und eine Welt beobachtet, die rein mechanisch ist, und *dort draussen* wie eine Maschine funktioniert, in sich selbst zusammensinken.

Die zweite Begründung dafür, dass wir uns nicht von der Welt um uns herum absondern können, stammt aus der Neurologie. Wir sind heute eindeutig der Auffassung, dass die Art von Umwelt, die wir sehen, vom Aufbau des Sinnesorgans abhängig ist, mit dem wir sie wahrnehmen.

Mit anderen Worten, die Eigenschaften der Aussenwelt – Gewicht, Farbe, Struktur, usw. – sind ihr nur in bezug auf einen sie wahrnehmenden Organismus eigen. Es ist der Bau unseres optischen Systems selbst, der den ausserhalb schwingenden Energien Licht und Farbe verleiht.

Jetzt haben wir eine völlig neue Grundlage, um eine Antwort auf das alte Rätsel zu geben: Stürzt in einem Wald ein Baum um, und niemand hört zu, entsteht dann ein Geräusch? In der Sprache der modernen Naturwissenschaft ist die Antwort völlig klar: Der fallende Baum erzeugt Luftschwingungen, und diese werden dann – und nur dann – zu einem Geräusch, wenn sie auf ein Trommelfell und ein Hörnervensystem treffen.

Ebenso gibt eine gewöhnliche Trommel keinen Laut von sich, sofern sie nicht mit einem Trommelfell bespannt ist; da magst du schlagen so stark du willst. Geräusch ist nicht etwas, das es in der Aussenwelt gibt. Geräusch oder Laut ist eine Beziehung zwischen schwingender Luft und bestimmten Arten von biologischen Organismen. Es sind diese Organismen, die das, was wir Geräusch oder Klang nennen, einer Schwingung verleihen, die in einer ohrlosen Welt keinen Ton erzeugen würde. Das ist völlig klar und einsichtig. Und von da aus können wir gewisse weitere Schritte tun.

Könnten wir z. B. sagen, dass es, ehe Lebewesen existierten, noch keine Welt gab?

Wenn wir annehmen, dass es eine Welt gab, ehe Organismen existierten, so extrapolieren wir. Wir wollen kurz ein wenig über Extrapolation sprechen.

Stell dir vor, du hast eine Karte von Kansas und du möchtest anhand der Angaben, die auf dem Plan sind, herausfinden, wie wohl die Landgebiete aussehen, die ausserhalb des Kartenrands liegen. Du wirst natürlich diese geraden Strassen verlängern und weiter ausziehen. Das ist der einzige Anhaltspunkt, von dem du ausgehen kannst. Nichts, was du auf der Karte von Kansas findest, würde dich darauf hinweisen, dass du nur eine kurze Strecke weiter westlich auf die Rocky Mountains treffen wirst, wo die Strassen in zahlreichen Windungen bergan führen. Und noch viel weniger findest du nur den leisesten Hinweis darauf, dass du noch etwas weiter auf den Pazifik treffen würdest, der deine verlängerten Strassen kaum tragen dürfte.

Eine Extrapolation geht also von dem aus, was bekannt ist, zu dem, was unbekannt ist.

Man könnte natürlich gut fragen, ob die Existenz eines Universums vor dem Vorhandensein irgendeines lebenden Organismus eine Extrapolation sei. Wir sagen: So wäre der Stand der Dinge gewesen, hätte es uns gegeben.

>Aber, es hat uns nicht gegeben.
>Vielleicht hat es auch die Dinge nicht gegeben.

Dies ist eine mögliche Argumentation, aber im heutigen Meinungsklima ist sie nicht in Mode.

Hüte dich vor Modeströmungen in der Philosophie, vor Moderichtungen in der Naturwissenschaft. Es gibt völlig irrationale Vorgänge, die darüber bestimmen, was nun eine anerkannte wissenschaftliche Ansicht ist und was nicht. Obwohl sehr sorgfältig gearbeitet wird, obwohl sehr wertvolle und wohlüberlegte Experimente durchgeführt werden, lauern doch immer im Hintergrund dieser Arbeiten jene der Vernunft unzugänglichen, sich modisch verändernden Ansichten darüber, was glaubhaft sei und was nicht.

Viele Dinge, die wir heute als selbstverständlich annehmen, *waren* einmal völlig unglaubhaft. Immer wieder stossen wir auf solche Entwicklungen. So hat es z. B. die von Autoritäten geäusserte Behauptung gegeben, dass aufgrund unumstösslicher Beweise dieser oder jener Art niemand je den Mond erreichen könne.

Heute allerdings sind wir ins andere Extrem verfallen und sind ein bisschen allzu unkritisch. Wie Norbert Wiener in seinem Buch *Mensch und Menschmaschine* warnend schrieb, dürfen wir die Naturwissenschaft nicht als eine Art Märchen ansehen und sagen: «Na ja, wir haben diese Probleme der Überbevölkerung, Wassermangel und so weiter, aber die Wissenschaft wird sie schon lösen, macht euch also keine Sorgen.» Das ist auch wieder übertrieben.

Sofern wir den metaphysischen Idealismus annehmen, sagen wir, dass die Art, wie die Welt ist, vom Bau meines eigenen Organismus hervorgerufen wird. In dieser Denkweise sind alle Berge, alle Sonnen und Monde Bewohner einer ausschliesslich menschlichen Welt.

Vielleicht haben Insekten, mit ihren ganz anderen Sinnesorganen, ein sehr verschiedenes Universum, ein Insekten-Universum. Dies scheint eine weitere Manifestation dessen zu sein, was man die Vermenschlichung der Natur zu nennen pflegte: Die Zuordnung menschlicher Eigenschaften und Gefühle zu Erscheinungen in der Natur.

Der Wind seufzt in den Bäumen, und dein Herz ist schwer.

Dann kommt jemand daher und sagt: Es ist nicht der Wind, der seufzt, du bist das.

    Stimmt und stimmt nicht.

Du wärst nicht imstande zu seufzen, wenn es keinen Wind gäbe; dein Seufzen und das Wehen des Windes gehören zusammen.

Ich habe ein neues Verb erfunden, das Wort *zusammenbestehen*, um damit den Gedanken der Kausalität zu ersetzen. Gewisse Dinge bestehen zusammen miteinander. Seufzender Wind besteht zusammen mit eben der Welt, in welcher es Menschenherzen und Gefühle gibt. Wenn es keine Menschenwelt mit Herz und Gefühl gäbe, gäbe es keinen Wind, und wenn es keinen Wind (keine Luft) gäbe, gäbe es keine Herzen und Gefühle von Menschen; es handelt sich dabei um einen Austausch, um ein Aufeinanderbezogensein.

Auf die gleiche Weise ist jedes Ereignis in der äusseren Welt von einem Beobachter abhängig, damit es geschehen kann. Denk mal an einen Regenbogen. Du kannst sagen: Die Sonne scheint, und in der Luft sind Wassertröpfchen, und wenn sich die Sonne im richtigen Winkel zu den Wassertröpfchen befindet, erzeugt sie einen Regenbogen. Wenn Leute da sind, sehen sie einen Regenbogen. Das ist die Darstellung der Dinge, wie sie für uns im gerade gängigen Modetrend von Philosophie und Naturwissenschaft annehmbar ist.

Aber ich möchte es auf andere Art ausdrücken. Die Sonne scheint, und es sind Wassertröpfchen in der Luft, aber niemand ist dabei, also entsteht auch kein Regenbogen. Alle drei Elemente – Sonne, Tröpfchen und Beobachter – müssen zusammenkommen, um die Erscheinung zu bilden, die wir Regenbogen nennen. Was für den zarten, durchscheinenden, leuchtenden Regenbogen gilt, lässt sich genausogut auf den härtesten Stein, den klotzigsten Berg und das heisseste Feuer anwenden.

Existieren heisst in Beziehung stehen.

Erinnere dich daran, wie wichtig das Fell einer Trommel ist. Ohne Fell kannst du soviel schlagen, wie du willst, das fehlende Fell gibt keinen Laut von sich.

Wir können sehen, dass Energie Beziehung ist: Wenn wir den Schlag einer Faust auf das Fell einer Trommel beobachten, wissen wir, dass wenn eines von beiden fehlte, nichts da wäre, kein Klang, keine Existenz. Wir wissen allerdings, dass Existenz nicht nur der Schlag einer Faust auf eine Trommel ist.

Existenz verlangt auch noch die Beziehung zu dem neurologischen Komplex. Natürlich gehört der neurologische Komplex zur selben Welt wie die Sonne. Er ist ein physisches Anordnungsmuster, ein physisches Verhalten, physische Energie. Es braucht diese vielfältig verwobene Anordnung, um die Welt hervorzurufen.

Das ist ein sehr einfacher Gedanke. Die einzige Schwierigkeit ihn zu verstehen, liegt darin, dass er unvertraut und ungebräuchlich ist.

Wie das Beispiel vom Regenbogen es gezeigt hat, bevorzuge ich gewöhnlich eine Erklärung der Existenz, die triadisch ist. Die Kraft von Energien in der Aussenwelt verlangt einen Beobachter der Auswirkungen dieser Kraft, um sie wirklich (d. h. wirkend) zu machen.

Siehst du, wenn die zwei Kräfte da draussen wirklich sind, und der Beobachter für die Wirklichkeit der Situation unwesentlich ist, dann bleiben wir plötzlich mit dem Gedanken stecken, dass die Menschheit selbst unwesentlich sei. Das ist ein Gedanke, den schon viele befürwortet haben; man hat die Menschheit schon auf mannigfache Weise als unwesentlich angesehen. Einige mögen uns für unwesentlich halten, weil wir als Geistwesen Besucher aus einer völlig anderen Welt seien. Andere mögen uns für unwesentlich halten, weil wir so winzig sind, im Vergleich zu den Ausmassen des ganzen Universums.

Weshalb nun gefällt den Leuten der Gedanke, dass die Menschheit unwesentlich sei? Welchen Nutzen kann es bringen, wenn Leute diesen Standpunkt einnehmen?

Im neunzehnten Jahrhundert war es modern, die Menschenwesen als unwesentlich anzusehen, und zwar aus ein paar recht stichhaltigen politischen Gründen. Wenn du auf's Wüten aus bist, dann musst du entweder glauben, du seist der Vertreter von Gott dem Allmächtigen und würdest alles auf sein Geheiss hin tun, oder das, was du tust, sei nicht wirklich wichtig. Beide Einstellungen verschaffen dir ein Alibi dafür, dass du dich wie ein Barbar benimmst.

So wurde die grossartige Regelung erfunden, dass sich Gott um unsere kleinen Affären nicht weiter kümmere («Dem Himmel sei Dank, Er blickt nicht mehr auf uns») und wir können morden und kommen ungestraft davon. Und das ist es ja, was wir wollten beim Aufbau der Kolonien im neunzehnten Jahrhundert und in den Greueln der zwei Weltkriege. Es gibt keinen Gott mehr, der uns beobachtet. Gott ist tot, gehen wir eins trinken.

Schon seit einiger Zeit hat der westliche Mensch seinen Standort verloren – das was die Hebräer seine Stellung als Kopf der Natur zu bezeichnen pflegten. Heute behaupten die Leute, dass es ein äusserst überheblicher Standpunkt sei, den Menschen als die Krone der Schöpfung zu betrachten. Der Mensch ist ein Teil der Natur, sagen sie. Woher kommt es dann aber, dass diese Naturalisten, die den Menschen als einen Teil der Natur betrachten, dauernd gegen die Natur ankämpfen? Das hängt damit zusammen, dass sie nicht verstehen, was es bedeutet, der Kopf der Natur zu sein.

Jedes Lebewesen kommt einmal dran, Kopf der Natur zu sein. Wir alle wechseln uns ab, weil es die Abwechslung ist, welche die Erde in Drehung hält. Jedes Wesen ist das Haupt der Natur, weil jedes Wesen die Welt nach seinem eigenen Bilde erschafft. Und so wird jede Kreatur als ein Schöpfer der Welt Mensch.

Mensch, «man», meint einfach die Mittelstellung; das ist alles, was die Idee Mensch ausmacht. Der Mittelweg, der Durchschnitt, das Allgemeine.* Und deshalb, wo auch immer der Mittelpunkt sein mag, heisst dieser Mittelpunkt Mensch. Genau wie du der Mittelpunkt von deinem Universum bist.

---

* Watts sieht offenbar einen Zusammenhang von «man» = Mensch, und «mean» = Mittler, Mittel-, (aber auch «gemein»). *A. d. Ü.*

Die Astrologen erklären, dass man, um das Geburtsbild einer Seele aufzuzeichnen, als Ausgangskoordinaten den Mittelpunkt nehmen muss, den dieser individuelle Organismus einnimmt (d. h. den genauen Ort und die genaue Zeit der Geburt). Und wie zu dieser bestimmten Zeit von diesem bestimmten Ort aus das Universum angeordnet war, das ergibt das Geburtsbild einer individuellen Seele.

Das Individuum ist das ganze Universum von diesem Gesichtspunkt aus betrachtet, oder auf diesen Gesichtspunkt konzentriert und ausgerichtet.

Auf entsprechende Art versetzt die kosmische Situation einer Maus diese Maus in die Stellung eines Menschen, wenn man diese Maus als den Mittelpunkt des Universums ansieht.

Jeder Punkt in einem gekrümmten Raum-Zeit-Kontinuum ist der Mittelpunkt des Universums. Obwohl dies nur ein sehr unvollkommener Vergleich ist, betrachte einmal die Oberfläche einer Kugel. Jeder Punkt auf dieser Oberfläche kann deren Mittelpunkt sein; nimm den Mittelpunkt der «Vorderseite» der Kugel, während du sie anschaust, und drehe die Kugel: Dein Fixpunkt bleibt das Zentrum der Kugeloberfläche.

Es kann jeder beliebige Punkt sein.

Wenn unser Raum gekrümmt ist wie die Oberfläche der Kugel, dann kann man mit Recht jeden beliebigen Punkt als dessen Mittelpunkt ansehen.

Dieser Mittelpunkt heisst Mensch («man»).

Wie ich sage, er könnte auch Maus sein, er könnte Ameise sein, Insekt, alles und jedes.

Aber dies wird für Individuen, die sich selbst nicht als Zentrum erleben, unbegreiflich und unvorstellbar.

Leute, die auf der Ansicht bestehen, sie seien objektive Beobachter – die die Welt als eine Art Fernsehschirm oder Filmleinwand betrachten, auf der in der Ferne ein Panorama von Begebenheiten vorbeizieht – schliessen sich dadurch, dass sie diesen Standpunkt einnehmen, selbst von dem Mittelpunkt-Gefühl aus; ja sie werden wohl sogar von oben herab auf dieses Mittelpunkt-Gefühl herunterblicken. Man hat es egoistisch genannt, wenn du denkst, du seist der Mittelpunkt von allem. Du kannst es mit allen möglichen Schimpfnamen bezeichnen, du kannst es die egozentrische Kategorie nennen, aber so ist es eben. Es ist viel weniger egozentrisch dies zu akzeptieren, als zu sagen: Gut, ich gehe auf und davon und spiele mein eigenes Spiel als ein objektiver Beobachter, der eine Art von Aufseher ausserhalb der Welt ist (in diesem wertenden Sinn, in dem vom Gott der Monotheisten gesagt wird, dass er ausserhalb der Welt sei).

Wenn du diesen Gedanken bis in seine letzten Konsequenzen ausbreitest, und zusiehst, wie weit du ihm zu folgen vermagst, dann ist in dem Mass, in dem du das Verhalten des Universums bist, das Universum dein Verhalten.

Früher erwähnte ich, wie einfach das Verständnis dafür ist, wenn wir dies von der einen Seite her betrachten, und wie schwierig, wenn wir von der andern Seite her schauen, selbst wenn wir beide Seiten im Auge behalten. Wenn wir das Ausmass betrachten, in dem das individuelle Verhalten ein Faktor der ganzen näheren und weiteren Umwelt ist, dann neigen wir zu der Ansicht, dass der individuelle Organismus hilflos den Umweltkräften ausgeliefert ist und im Grunde lediglich auf diese reagiert.

Wenn aber andererseits die Beziehung zwischen dem Organismus und seiner Umgebung einen *Austausch* bedeutet, kann sie nicht einseitig sein.

Bedeutet die Beziehung einen Austausch, dann ist gleichzeitig wahr, dass sich der individuelle Organismus in Übereinstimmung mit der Umwelt verhält und die Umwelt in Übereinstimmung mit dem individuellen Organismus. Um dies erschreckend alltagsbezogen auszudrücken:

> Wenn du in der Patsche sitzt,
> hast du genau das gewollt!

Du wirst sagen: «Davon hab ich nichts gewusst, dass ich das wollte, ich habe nie daran gedacht, sowas zu wollen.» Das stimmt, sofern du mit «Ich» nur den bewussten Punktscheinwerfer meinst, der deine Erfahrungen Stück für Stück beleuchtet und momentan darüber nachdenkt. Aber sobald du deinen Blickwinkel beim Betrachten der Dinge so erweiterst, dass er auch das Unbewusste mit einschliesst, wirst du finden, dass da sehr wohl Beweggründe verborgen liegen könnten, die auf den ersten Blick nicht erkennbar sind.

In gewisser – eher schwerfälliger – Weise haben dies auch Freud und Jung geahnt und angedeutet, besonders Freud mit seinen Vorstellungen über Selbstbestrafung, Todeswünsche und so weiter. Er behauptete, dass du, wenn du in ein Unglück verwickelt wirst, dich selbst bestrafen wolltest. Aber Freud setzte grundsätzlich kein Vertrauen in das Unbewusste. Deshalb war er der Überzeugung, dass das Wirklichkeitsprinzip in unversöhnlichem Kampf mit dem Lustprinzip liege, und dass dieser Kampf die Zivilisation des Menschen zerstören würde.

Eigentlich ist ein Mann namens Georg Groddeck der Wahrheit viel näher als Freud; in seinem *Buch vom Es* erläutert er eine höchst aussergewöhnliche Theorie des Unbewussten. Durchgehend bezeugt er volles Vertrauen in das Unbewusste und seine Weisheit. Das Buch ist in Form von Briefen von einem väterlichen Freund an eine junge Dame geschrieben. Ein Bekannter, dem ich vor Jahren das Buch lieh, sagte, nachdem er es gelesen hatte: «Ich werde nie mehr Angst davor haben, krank zu werden», weil Groddeck klargemacht hat, dass Kranksein in Wirklichkeit nicht eine Erkrankung bedeutet, sondern ein Zeichen des Es, des Unbewussten, das versucht, dich zu heilen. Deshalb sollte man, genau wie man Fieber nicht einfach mit Chinin unterdrückt, weil das die Arbeit des Fieberprozesses aufhalten würde, vielleicht nicht alle Arten von Krankheiten auszuschalten versuchen, weil das Unbewusste sie zu Zwecken, die wir noch nicht verstehen, in aufbauendem Sinne verwendet.

Dies war etwas, hinter dem Freud hertappte: Die Idee, dass es in uns eine Intelligenz gibt, die grösser ist als die Intelligenz des Bewusstseins, und die auf unbewusste Weise arbeitet.

Beachte seine Wortwahl: Warum sagte Freud nicht «Überbewusstsein»? Weil das Meinungsklima zu seinen Lebzeiten darauf zu beharren wünschte, dass alles «unterhalb» des bewussten Verstandes des Menschen dumm ist, und dass rohe Materie und blinde Energie Gott von seinem Platz im Himmel entthront hatten. Aber Freud wusste, dass du das Unbewusste als einen Teil deines wesenden Seins nicht weglassen kannst, dass es ein Bestandteil deines Selbst ist.

Weil du ein unveräusserlicher Bestandteil der Welt bist, kannst du die Verantwortung nicht aufteilen und sagen: «Dafür solltest du mich loben», «Ich sollte dich für jenes tadeln», «Das ist dein Fehler», und so weiter. Theologen reden dauernd eine Menge Unsinn über derlei Dinge, indem sie sagen, dass die Würde des Menschen davon abhänge, dass jedes Individuum seine Verantwortung auf sich nehme. So haben wir gleich den schönsten Jekami-Wettbewerb darum, wer an allem Schuld sei.

Nun, wenn du verstehst, dass du ein im ganzen Kosmos vollkommen eingeordneter Bestandteil bist, ist der Preis, den du bezahlen musst, um all das Gerede über Schuld auszuschalten, dass du deine eigene Mittäterschaft eingestehst bei allen Unglücksfällen, die dich betroffen haben. Du musst sehen, dass alles, was auf dich zukommt, ein Echo von all dem ist, was von dir ausgegangen ist.

    Du hast es dir eingebrockt.

Aber es ist nicht dein *bewusstes* Ich, das es sich eingebrockt hat. Nicht dein Ich, das nur eben ein Punktscheinwerfer-Bewusstsein ist, denn dieses merkt von den meisten Dingen, die sich in dir abspielen, nichts. Da gibt es eigenartige und fesselnde Dinge, die unter der Oberfläche deines Bewusstseins am Werk sind.

Das Studium einiger Wissenschaften kann viel Gewinn bringen. Nimm zum Beispiel einen Grundkurs in Ökologie. Du wirst ein sich entwickelndes Muster erkennen, nach dem sich, angefangen von den mikroskopischen Organismen alles in das fortschreitende Ganze einordnet. Was vom einen Standpunkt aus die Krankheit einer bestimmten Pflanze ist, ist vom andern aus die Fortpflanzungsmethode einer anderen Gattung. Wir sagen, dass wir durch die Anophelesmücke an Malaria erkranken, aber dies geschieht, weil die Anophelesmücke einen aussergewöhnlichen Fortpflanzungszyklus hat, der eine Phase als Parasit des Menschen mit einschliesst. Wenn du die Sache vom Gesichtspunkt der Anopheles aus betrachtest, wird *sie* Mensch. («man»; Mittelpunkt).

Wenn wir die verschiedenen Systeme studieren, erkennen wir, dass alles sich in einem Zustand dauernder Anpassung befindet. Wenn du den Rand eines Blattes unter einem Mikroskop über längere Zeit untersuchen würdest, könntest du feststellen, dass ein dauerndes Rangeln und Drängeln im Gange ist. Einige der Zellen wollen an den Aussenrand gelangen, und wenn sie es tun, beginnt das Blatt sich aufzulösen. Aber andere Zellen kommen vorbei und sagen: «Geht zurück ins Innere, bleibt drin, bleibt drin», und die ersten sagen: «Nein, ihr beschneidet unsere Freiheit, wir wollen hinaus.» Und dieses ganze Hin und Her spielt sich am Rande eines Blattes ab. Aber von unserem Blickwinkel aus ist es eine vollkommen gleichbleibende, klare Kante; wir sehen es eben nicht nahe genug.

Einmal sah ich eine grosse Pflanze, die ganz von Blattläusen bedeckt war; sie saugten sich dick und fett und lebten in Saus und Braus. Ich kam am nächsten Tag wieder vorbei und da war alles zu grauem Staub zerfallen. Sie hatten die Pflanze aufgefressen und in ihre Bestandteile aufgelöst.

Als einer Naturgegebenheit sagen wir dem Himmel Dank für diese Blattläuse; sie haben dieses Unkraut aufgefressen und Schädlinge waren sie ohnehin alle beide. Sie stellen das ausgleichende System der Natur dar.

Zweifellos sind wir in der gleichen Situation, nur dass wir eine Art Scheuklappen tragen, die uns nur die eine Hälfte des Bildes sehen lassen.

Wir bekommen den Eindruck, dass «es» uns herumkommandiert, aber wir haben nicht den Eindruck, dass das Herumkommandiertwerden nur die Suppe ist, die wir uns eingebrockt haben. Wir haben das alles heraufbeschworen allein durch die Tatsache, dass wir da sind.

Kinder denken nicht, dass sie dafür verantwortlich sind, dass sie zur Welt kamen. Sie schieben die Schuld ihren Eltern zu, ohne zu realisieren, dass sie sich von ihren Eltern nicht wirklich abtrennen können. Zum Beispiel kann ich, in dem Masse, in dem ich sexuelle Begierden habe, die Lage meines Vaters verstehen, und ich könnte ihn unmöglich beschuldigen, weil tatsächlich ich der Glanz in seinen Augen war, als er sich meiner Mutter näherte. Du weisst, ich hab es mir selber zuzuschreiben!

Jetzt kannst du daran sehen, dass deine Beziehung zur Welt, in der du für alles, was dir zustösst, selbst verantwortlich bist, nicht die eines gewöhnlichen Chefs ist, der anordnen könnte, dass allerlei unwahrscheinliche Dinge geschehen sollten.

    Es ist eher folgendermassen.

Wenn du dir dich selbst nur als bewusst und in Kontrolle über alles, was dir geschieht, vorstellst, würdest du blödsinnig handeln, wie eine Art Geisteskranker, der meint, er sei Gott.

Wenn du aber andererseits verstehst, dass dein wahres Selbst die Weisheit ist, die sich in der intelligenten Form deines Organismus ausdrückt, wirst du nicht in den Irrtum verfallen, zu meinen, deine Beziehung zur Welt sei die eines Herrschenden.

OM

Nie gab es eine Zeit, da ich nicht war,
da du nicht warst, nicht jene andern.
Noch wird es je in Zukunft Zeiten geben,
da wir vergehen sollten.

Wie wir in diesem Körper
durch Kindheit, Jugend, Alter wandern,
genauso ist der Übergang in andre Körper.

Dies kann den Weisen nicht erschüttern.

Dessen, was nicht besteht,
wird nie ein Anfang sein.
Dessen, was besteht,
wird nie ein Ende sein.

Das, wovon dies alles durchdrungen ist,
kann nicht zerstört werden.

Wie man die ausgetragenen Kleider von sich wirft
und andre anzieht, die noch neu sind.
Genauso wirft das Selbst verbrauchte Körper von sich
und kleidet sich in andre, die noch neu sind.

Waffen können dieses Selbst nicht schlagen,
Feuer es nicht brennen,
nicht wird Wasser es benetzen,
noch es trocknen Wind.

Es ist ewig,
alldurchdringend,
unveränderlich und
unbewegt.

Es ist das selbe immerdar,
man sagt es sei ohne jedes Abbild,
sei unvorstellbar und
ohne jeden Wandel.

Da so du's kennst,
halt an den Atem.

Intellektueller Yoga

Wenn du dem Denken innezuhalten erlaubst, befindest du dich in einem ewigen Hier und Jetzt. OM.

Das Wort *Yoga* hat, wie du vielleicht weisst, die gleiche Wurzel wie das deutsche Wort *Joch* und das lateinische Wort *jungere* (verbinden). Als Jesus sagte: «Mein Joch ist leicht», sagte er auch «Mein *Yoga* ist leicht.» Yoga beschreibt den Zustand, der das Gegenteil von dem ist, was unsere Psychologen Entfremdung nennen, das Gefühl der Vereinzelung, des Abgeschnittenseins vom Sein.

Viele Zivilisationsbürger fühlen sich tatsächlich deshalb entfremdet, weil sie eine Art kurzsichtiger Aufmerksamkeit auf ihre eigenen Begrenzungen ausrichten und auf das konzentrieren, was sich innerhalb dieser Grenzen befindet. Sie identifizieren sich mit dem Innen ohne zu realisieren, dass es kein Innen ohne ein Aussen gibt.

Man sollte meinen, dies sei äusserst triviale Logik. Wir könnten uns nicht als uns selbst wahrnehmen, als Wesen mit einer persönlichen Identität, gäbe es nicht den Kontrast von etwas, das nicht wir sind, das *anders* ist.

Dass nicht realisiert wird, dass selbst und ander zusammengehören, ist die Wurzel einer ausserordentlichen und entsetzlichen Angst, die aus der bangen Frage erwächst, was denn geschehen wird, wenn das Innen verschwindet.

Was wird geschehen, wenn das sogenannte *Ich* sein Ende findet, wie es doch anscheinend der Fall ist?

Natürlich, würden sich die Dinge nicht dauernd bewegen und verändern, sich bilden und auflösen: Das Universum wäre eine kolossal langweilige Sache. Deshalb bist du nur gewahr, dass für den Augenblick die Dinge in Ordnung sind.

Du musst dir darüber klar werden, dass das Gefühl, das Leben sei einigermassen in Ordnung, unvorstellbar und unfühlbar ist, wenn es nicht irgendwo – weit, weit im Hintergrund deines Bewusstseins (mind) – die Ahnung davon gibt, dass etwas unaussprechlich und absolut Grauenvolles geschehen könnte. Es *braucht* nicht zu geschehen, denn vielleicht stirbst du zuvor, aber immer muss die unbestimmte Gewissheit da sein, dass der Schrecken aller Schrecken möglich ist. Dies macht die Würze des Lebens aus.

Diese Bemerkungen beziehen sich auf den intellektuellen Zugang zum Yoga.

Es gibt gewisse Hauptformen des Yoga, die den meisten Leuten vertraut sind. Hatha-Yoga ist ein System von psycho-physischen Übungen; das sind die Yogaübungen, die man am Fernsehen gezeigt bekommt, weil sie einen gewissen Schauwert haben.

Dann gibt es den Bhakti-Yoga. *Bhakti* bedeutet dienende Hingabe und Liebe. Ich nehme an, man könnte das Christentum auch eine Form von Bhakti-Yoga nennen, weil es ein Yoga ist, der durch äusserst ehrfürchtige Hingabe und Liebe gegenüber einem Wesen geübt wird, das man als mehr oder weniger ausserhalb der eigenen Persönlichkeit empfindet, und das das göttliche Prinzip verkörpert.

Dann gibt es den Karma-Yoga. *Karma* heisst Handlung – und übrigens, das ist alles, was es heisst. Es bedeutet nicht das Gesetz von Ursache und Wirkung.

Wenn wir sagen, dass etwas, das dir geschieht, dein Karma sei, dann heisst das nichts anderes, als dass du das selbst getan hast. Niemand ist verantwortlich für dein Karma, nur du selbst.

Karma-Yoga ist der Weg des Handelns; du benützt dein Alltagsleben, deine Geschäfte oder eine Körperertüchtigung wie Segeln, Surfen oder Laufen als deinen Yogaweg, als deinen Weg, um zu entdecken, wer du bist.

Raja-Yoga, der königliche Yoga, wird gelegentlich auch Kundalini-Yoga genannt und ist mit sehr umständlichen geistigen Übungen verbunden, die darauf abzielen, die Schlangenkraft zu erwecken, von der man annimmt, dass sie am unteren Ende der geistigen Wirbelsäule zusammengerollt liegt, und die durch gewisse Chakren (oder Zentren) aufsteigen soll, bis sie ins Gehirn eindringt. (Darin steckt eine sehr tiefgründige Symbolik, auf die wir hier aber nicht eingehen wollen.)

Es gibt noch einige andere Yoga-Arten und schliesslich den Mantra-Yoga. Mantra-Yoga ist die Praktik, gewisse Laute stimmhaft oder stimmlos zu singen oder zu summen, die zur Meditation verhelfen sollen oder dem Zustand, der im Sanskrit *Dhyana* genannt wird.

Dhyana ist der Zustand, in dem man bei klarem Wachbewusstsein ist, der Welt aber so gewahr wird, wie sie ist, im Gegensatz zur Welt, wie sie sonst beschrieben wird. Anders ausgedrückt: Im Zustand von Dhyana hälst du mit Denken inne. Das heisst, du hörst auf, zu dir selbst zu sprechen und dir innerlich zu symbolisieren, was vor sich geht.

Du bist einfach dessen gewahr, was ist.

Und keiner kann sagen, wie das ist, weil, wie es jemand sehr gut ausdrückte, «Die wirkliche Welt nicht in Worte zu fassen ist».

In vollkommener heller Wachheit mit offenen Augen dazusitzen ohne zu denken ist, nebenbei bemerkt, ein sehr eigenartiger Zustand. Ich kannte einen Mathematikprofessor an der Northwestern University, der einmal sagte: «Weisst du, eigentlich ist es erstaunlich, wie viele Dinge es gibt, die nicht so sind.» Er sprach damals über Altweibergeschichten und abergläubische Ängste und so weiter. Aber wenn du Dhyana praktizierst, bist du erstaunt, wie viele Dinge nicht so sind.

Wenn du aufhörst, zu dir selbst zu sprechen und dir nur noch dessen gewahr bist, was ist, das heisst, was du fühlst, was du empfindest (sogar das drückt schon wieder zuviel aus), nimmst du plötzlich wahr, dass Vergangenheit und Zukunft völlig verschwunden sind.

Auch die sogenannte Unterscheidung zwischen Wissendem und Wissen, zwischen Subjekt und Objekt, Fühlendem und Gefühl, Denkendem und Gedanken ist verschwunden. Es gibt sie einfach nicht, weil du zu dir selbst sprechen musst, um diese Dinge aufrecht zu erhalten. Sie sind blosse Begriffe, Vorstellungen, Phantome, Geister.

Wenn du dem Denken erlaubst, innezuhalten, geht dies alles weg, und du befindest dich in einem ewigen Hier und Jetzt. Es gibt keinen Ort, wo du sein solltest, nichts, was du tun solltest, keinen Ort, wohin du gehen solltest, denn um zu denken musst du etwas tun: Du musst *denken*.

Es ist unglaublich wichtig wenigstens einmal am Tag zu *entdenken*, um das intellektuelle Leben aufrechtzuerhalten. Wenn du nichts anderes tust als denken, wie es dir die meisten akademischen Lehrer und Gurus empfehlen, dann wirst du über nichts nachzudenken haben, als über Gedanken.

Leicht wirst du dann wie eine grosse Universitätsbibliothek, die oft ein Ort ist, an dem sich Leute vergraben, um Bücher über die Bücher zu schreiben, die sich schon dort befinden. Sie schreiben Bücher über Bücher über Bücher, und die Bibliothek schwillt an wie ein Klumpen Hefeteig, und das ist alles, was geschieht.

Es ist ein sehr amüsantes Spiel. Ich stecke meine Nase sehr gerne in alte orientalische Texte. Das ist ein Vergnügen; es ist wie Pokerspielen oder Schach oder reine Mathematik. Aber das Problem ist, dass der Bezug zum Leben dabei zunehmend schwächer wird, weil das Denken immer aus lauter Wörtern über andere Wörter besteht.

Wenn wir dabei eine Zeitlang innehalten und unsere Köpfe von Gedanken frei machen, «werden wir wieder wie Kinder» und erhalten eine direkte Sicht der Welt, was sehr nützlich ist für einen Erwachsenen.

Wenn du ein Säugling bist, gibt es nicht viel, was du tun kannst, weil jeder mit dir macht, was er will. Sie heben dich hoch und legen dich hin, und du kannst nicht viel mehr tun, als meditieren! Du kannst keinem erzählen, wie das ist.

Aber wenn du als Erwachsener den Blickwinkel des Säuglings wiedererlangen kannst, dann wirst du wissen, was alle Kinderpsychologen immer gerne gewusst hätten:

    Wie sich ein Säugling fühlt.

Der Säugling hat, zumindest nach Freud, ein *ozeanisches* Erleben; das heisst, ein Gefühl völliger Untrennbarkeit von allem, was vor sich geht. Der Säugling ist unfähig zu unterscheiden zwischen dem Universum und seiner eigenen Einwirkung auf das Universum.

Und die meisten von uns würden, wenn sie einen solchen Bewusstseinszustand erlangt hätten, dazu neigen sich ausserordentlich ängstlich zu fühlen und zu fragen, wer denn jetzt die Verantwortung und Kontrolle übernimmt. Wer kontrolliert, was als nächstes geschieht? Diese Frage würden wir stellen, weil wir uns an die Vorstellung gewöhnt haben, dass die Vorgänge in der Natur auf Kontrollierenden und Kontrollierten beruhen – Dinger die tun und Dinger, denen getan wird. Das ist rein mythologisch, wie du feststellst, wenn du die Welt ohne Denken betrachtest, mit einem reinen, stillen Geist.

Es gibt einen intellektuellen Weg, um zu dieser Art von Verständnis zu gelangen; Jnana-Yoga ist der Zugang zu diesen Dingen auf der intellektuellen Grundlage. Oft sagen Leute zu mir: «Intellektuell verstehe ich, wovon sie sprechen, aber ich kann es nicht wirklich empfinden, ich verwirkliche es nicht.» Auf das bin ich imstande zu antworten: «Ich frage mich, ob sie es intellektuell verstehen, denn wenn sie das täten, würden Sie es auch empfinden.»

Der Intellekt, oder das, was ich lieber die Intelligenz nennen möchte, ist nicht eine Art wasserdichte Kammer im Gehirn, die ganz für sich alleine ihre Rädchen drehen lässt und keinen Einfluss hat auf das, was in allen anderen Bereichen des eigenen Wesens vor sich geht. Wir alle wissen, dass wir durch Worte hypnotisiert werden können. Gewisse Wörter rufen unmittelbar bestimmte Gefühle wach. Wenn wir bestimmte Wörter benützen, ist es ganz leicht, die Gefühle von Menschen zu verändern. Sie sind Beschwörungsformeln.

Der Intellekt ist nicht etwas, das da irgendwo für sich alleine besteht. Aber das Wort *Intellekt* hat einen metallischen Klang bekommen, es ist ein Wort geworden, das die intellektuelle «Einigelung» der akademischen Welt, den Elfenbeinturm der Wissenschaft repräsentiert. Wie ein gewisser Harvardprofessor sagte, als Timothy Leary dort seine Experimente abhielt: «Keine Erkenntnis kann akademische Anerkennung finden, die sich nicht in Worte fassen lässt.» (Pech für die Abteilung für Turnen und Sport; Pech auch für die Abteilungen für Musik und Kunst!)

Einer der grössten Intellektuellen unserer Zeit, Ludwig Wittgenstein, zeigt am Ende seines grossartigsten Werkes *Tractatus*, dass das, was du immer für die Hauptprobleme in Leben und Philosophie gehalten hast, bedeutungslose Fragen sind.

Und dass diese Probleme nicht dadurch gelöst werden, dass du die aufgeworfenen Fragen beantwortest, sondern dass du das Problem dadurch los wirst, indem du intellektuell einsiehst, dass es ohne Bedeutung ist. Dann bist du von dem Problem *befreit*. Du brauchst nicht mehr nachts wachzuliegen und darüber nachzugrübeln, was der Sinn des Lebens sei und was das alles wohl bedeutet. Einfach, weil es gar nichts bedeutet. Es bedeutet sich selbst, es ist.

Und so schliesst Wittgenstein mit dem Satz: «Worüber man nicht sprechen kann, muss man schweigen.»

Es gibt gewisse Dinge, von denen man nicht sprechen kann.

Zum Beispiel kannst du Musik nicht *beschreiben*. Deshalb klingen die meisten Berichte von Musikkritikern in der Zeitung so völlig absurd. Wenn sie versuchen in Worten mitzuteilen, wie ein bestimmter Künstler spielt, entlehnen sie Wörter aus allen andern Sparten der Kunst und versuchen dabei, sich als besonders geschickt und schlau zu zeigen. Aber es gibt keine Möglichkeit, wie der Musikkritiker dich mit Worten die Klänge eines Konzerts hören lassen kann.

Allerdings ist es möglich, anhand von gewissen Instruktionen, die auf Papier geschrieben sind, und die dir sagen, dass du gewisse Dinge tun sollst, um diese Klänge zu reproduzieren. Die musikalische Notation ist im Wesentlichen eine Reihenfolge von Instruktionen (genau wie «zeichne einen Kreis» oder «fälle ein Lot»). Und so, wenn du die Instruktionen entsprechend befolgst, wirst du dann die Dinge, die nicht beschrieben werden können, verstehen. Das ist es, worum es sich im Yoga handelt.

Alle mystischen Schriften sind in Wirklichkeit Instruktionen. Es sind nicht Versuche, das Universum zu beschreiben, Gott zu beschreiben oder die letzte Wahrheit. Jeder Mystiker weiss, dass das letztlich unmöglich ist. Ja, das Wort *Mystizismus* selbst kommt von dem griechischen Wort *myein,* was schweigen bedeutet.

Sei stille, betrachte, dann wirst du verstehen, denn die Vorschrift lautet zu horchen und zu schauen. Halt inne, schaue und höre – und nimm wahr, was geschieht – das ist Yoga. Nur sprich nicht,

sprich nicht ...

das würde alles verderben.

Jemand kam zu einem Zen-Meister und sagte: «Die Berge und die Hügel und der Himmel, sind sie nicht alle der Leib Buddhas?»

Und der Meister sprach: «Ja, aber es ist schade, es auszusprechen.»

Ein Nachfolger von Wittgenstein, der Engländer Spencer Brown, hat ein Buch mit dem Titel *Laws of Form* geschrieben, das denjenigen, die mathematisch orientiert sind, erlaubt, einen intellektuellen Prozess durchzumachen, der tatsächlich dem Jnana-Yoga sehr nahe kommt. Brown beginnt mit der Anleitung für den Leser, eine Unterscheidung zu treffen: Triff irgendeine beliebige Unterscheidung, zwischen etwas und nichts, zwischen Innen und Aussen, was dir auch immer einfällt. Dann führt er dich durch eine Folge logischer Überlegungen und zeigt dir, dass, wenn du einmal diesen ersten Schritt getan hast, alle Gesetze der Mathematik, Physik, Biologie und Elektronik unweigerlich daraus folgen. Er stellt sie ausführlich dar. Er verwickelt dich in unendlich komplizierte elektronische Schaltkreis-Systeme, die notwendig daraus folgen, dass du eine Unterscheidung getroffen hast. Wenn du das einmal getan hast, ist das Universum wie wir es kennen unvermeidlich. Danach sagt er, dass er dir nichts erzählt hat, was du nicht schon gewusst hättest. Bei jedem Schritt, wenn du gesehen hast, dass einer seiner Beweise (seiner Theoreme) richtig war, hast du dir gesagt: «Ja, natürlich», weil du es schon gewusst hast.

Dann am Ende, wenn er dir noch das Wesen deines Denkens aufgezeigt hat, erhebt er die Frage: «War diese ganze Reise wirklich notwendig?»

So lässt er uns also nochmals eintauchen und sagt: «Du siehst, was während dieses ganzen mathematischen Vorgangs geschehen ist, und auch im Laufe deines vielfältigen Lebens, währenddessen du etwas zu finden versucht hast: Das Universum hat sich einmal gedreht.»

Das ist die Bedeutung des Uni-versum. Es hat sich einmal um sich selbst gedreht. Um sich selbst anzusehen.

Nun, wenn irgend etwas sich selbst ansieht, dann flieht es vor sich selbst. Wie die Schlange die sich in den Schwanz beisst, oder der Hund, der seinen eigenen Schwanz jagt: Er kriegt ein Stück davon zu fassen, aber er erfasst *es* nicht.

Und so kommt Brown zu der erstaunlichen Bemerkung: «Natürlich muss sich das Universum desto mehr erweitern, je stärker unsere Teleskope werden, damit es ihnen entwischen kann.»

Du wirst nun sagen, das sei subjektiver Idealismus in einer neuen Verkleidung, das ist von Neuem Bishop Berkeley, der sagt, dass wir das Universum aus unserem eigenen Denken erschaffen haben. Nun ja, leider stimmt das. Wenn du unter Denken (mind) das Gehirn verstehst, das physische Gehirn, das körperliche Nervensystem, wirst du sehen, dass Karl Pribram aus Stanford dasselbe in neurologischer Formulierung sagt. Es ist die Struktur deines Nervensystems, die dafür sorgt, dass du die Welt so siehst, wie du sie siehst. Vielleicht bevorzugst du das Buch *Doubt and Certainty in Science* von J. Z. Young zu lesen, wo alles dies in einer neuen, wissenschaftlich eher anerkannten Sprache sehr deutlich erklärt wird. Aber es ist immer dieselbe alte Sache.

Siehst du, das ist Yoga. Yoga, Vereinigung, bedeutet, dass
du es tust.

In gewissem Sinne bist du Gott. Du machst es.

Viele spirituelle Lehrer und Gurus sehen ihre Schüler an und sagen: «Ich bin Gott, ich habe es realisiert. Siehst du?» Aber das Wichtige daran ist, dass *du* es bist.

Ob ich Gott bin oder nicht, hat für dich überhaupt keine Bedeutung. Ich könnte dir erzählen: «Ich habe realisiert», oder einen Turban aufsetzen und ein gelbes Tuch umlegen und mich dir mit den Worten nähern: «Ich bin ein Guru. Du brauchst die Gnade des Guru, damit du realisieren kannst.» Und es wäre ein wundervolles Theater. Es wäre die gleiche Art Trick, wie dir die Uhr aus der Tasche zu stehlen und dir dann die eigene Uhr zu verkaufen!

Der Witz ist: *Du bist es.*

Was soll das nun heissen, wenn wir dies sagen. Offenbar etwas sehr Wichtiges.

Leider gibt es aber keine Möglichkeit, dies zu definieren, mit Worten tiefer oder weiter vorzudringen. Wenn ein Philosoph eine solche Feststellung hört wie: «Du bist es» oder «Es gibt nur das ewige Jetzt», neigt er dazu zu sagen: «Na schön, ich verstehe nicht, weshalb du dich so darüber aufregst. Was meinst du denn mit dieser Äusserung?» Er fragt so, weil er mit den Wortspielen fortfahren möchte und keine Lust hat, in eine Erlebnisdimension zu gehen. Er möchte mit dem Argumentieren weitermachen, weil das sein Trip ist.

Wörter haben Bedeutungen, weil sie Symbole sind, weil sie auf etwas anderes hinweisen als auf sich selbst. Aber alle diese grossen mystischen Aussagen bedeuten nichts anderes, sie sind letzte Wahrheiten in sich, wie die Wolken und die Berge und die Sterne nicht etwas *bedeuten*, weil sie keine *Wörter* sind.

Die Sterne und die Wolken sind wie Musik. Nur schlechte Musik bedeutet etwas; klassische Musik muss man nie deuten. Um sie zu verstehen, hörst du ihr einfach zu, beobachtest ihre wundervollen Muster und verströmst dich in ihrer Vielfalt.

Wenn also dein Denken (mind) – das heisst, deine verbalen Systeme – am Ende seiner Weisheit anlangt, wenn es auf eine Aussage stösst, die es nicht deuten kann, dann ist das der kritische Punkt. Die Methode des Jnana-Yoga besteht darin, deinen Intellekt bis an die Grenzen seines Vermögens zu beschäftigen, bis du den Punkt erreichst, an dem du keine weitere Frage mehr zu stellen hast.

Im Studium der Philosophie kannst du dies tun, wenn du die richtige Art Lehrer hast, der dir zeigt, dass alle philosophischen Ansichten ausnahmslos falsch sind – oder zumindest ausserordentlich einseitig. Du kannst sehen, wie Nominalisten die Realisten widerlegen. Wie die Deterministen die Willensfreiheitler widerlegen. Wie die Behavioristen die Vitalisten widerlegen. Wie die logischen Positivisten jedermann widerlegen! Und dann kommt einer und behauptet, die logischen Positivisten hätten die Metaphysik unterschlagen, was sie tatsächlich tun. Und dann kommst du in ein furchtbares Kuddel-Muddel und hast gar nichts mehr, woran du glauben könntest.

Wenn du dich ernsthaft in das Studium der Theologie und vergleichenden Religionswissenschaft vertiefst, kann dir genau das gleiche geschehen. Du kannst nicht einmal mehr ein Atheist sein. Auch das kann als eine rein mythologische Einstellung nachgewiesen werden, und so befällt dich eine Art intellektuelles Schwindelgefühl, das in einem Gedicht aus dem Zen-Buddhismus so beschrieben wird:

> «Oben kein Ziegel, das Haupt zu bergen,
> Unten kein Stückchen Boden, den Fuss darauf zu setzen.»

Wo bist du dann? Nun, du bist natürlich da, wo du immer schon warst.

Du hast entdeckt, dass du ES bist.

> Und das ist sehr unbefriedigend,
> weil du ES nicht erfassen kannst.

Du hast entdeckt, dass du das – was immer es auch ist – was du bist (und es ist nicht etwas in deinem Kopf, es ist etwas ebensosehr da draussen wie da drinnen), nicht in den Griff bekommst. Na ja, und das lässt dir die Knie weich werden, du verspürst ein flaues Gefühl im Magen, traumatische Ängste und lauter ähnliches Zeug.

Aber das hat Shankara, der grosse hinduistische Kommentator der Upanischaden, der grosse Meister der nichtdualistischen Doktrin vom Universum, alles mit den folgenden Worten erklärt: «Das was weiss, was in allen Wesen der Wisser ist, ist niemals der Gegenstand seines eigenen Wissens.»

Für jeden, der auf der Suche ist nach dem höchsten Kick, der grossen Erfahrung, der Vision Gottes, der Befreiung – wie du es auch immer nennen willst – gilt: Wenn du denkst, dass du ES nicht bist, kann dich jeder alte Guru mit einer Methode es zu finden für dumm verkaufen. Und für den Guru mag das gar keine so schlechte Sache sein, die er da tut, weil, wie Blake sagte «Ein Narr, der seine Narrheit durchhält, ein Weiser wird», und ein kluger Guru ist einer, der dich weiterführt.

«Komm, putt-putt-putt ... ich hab was sehr Gutes für dich, das ich dir verkaufen möchte, warte nur; aber du musst noch eine Reihe von Stufen durchmachen.»

Und du sagst: «(keuch, keuch, keuch) Kann ich das kriegen? Ach, ich möchte es so gerne erlangen!» Und die ganze Zeit ist ES du.

Neulich sprach ich mit einem Zen-Meister und er sagte: «Du sollst mein Schüler sein.»

Ich sah ihn an und fragte: «Wer war Buddhas Lehrer?»

Da guckte er mich einen Augenblick lang sehr eigenartig an, dann brach er in Gelächter aus und reichte mir ein Kleeblatt.

Du siehst also, so lange man dich noch davon überzeugen kann, dass es noch etwas mehr gibt, das du werden solltest, als was du bist, hast du dich von der Wirklichkeit abgeschieden, entzweit vom Universum, von Gott, oder wie du es immer nennen möchtest.

Und wenn du an solchen Dingen wie Psychoanalyse, Gestalttherapie, Sensitivity-Training, verschiedenen Arten von Yoga oder was du sonst noch willst, interessiert bist, wirst du immer wieder feststellen, dass dabei dieses eigentümliche Gefühl spiritueller Habgier auftritt, das irgendjemand bei dir auslösen kann, wenn er dir andeutet: «Hmmm, da gibt's immer noch höhere Stufen, die du erreichen könntest. Du solltest mal meinen Guru aufsuchen.»

Man könnte sagen, dass man, um wahrhaft realisiert zu sein, an einen Punkt gelangen muss, wo man nicht mehr weitersucht. Also könntest du anfangen zu denken: «Schön, dann bin ich von jetzt an ein Nichtmehrsucher.»

Das läuft darauf hinaus, spirituell unspirituell zu werden. Du wirst merken, dass dies etwas ist, was im Zen «Beine für eine Schlange» genannt wird. Es ist sinnlos. Du brauchst auch nicht nicht zu suchen. Du brauchst überhaupt nichts.

Ein buddhistischer Gelehrter namens Nogaguna, der um das Jahr 200 lebte, erfand eine ganze Dialektik und gründete eine Schule, in der der «Leiter» der Schüler einfach alle ihre Ideen zu zerstören hatte – alle ihre philosophischen Ansichten vollständig zunichte zu machen. Dabei wurde es den Schülern ganz flau, sie sahen aber auch, dass es dem Leiter nicht flau wurde, sondern dass er anscheinend völlig entspannt und zufrieden war ohne eine bestimmte Anschauung. «Lehrer, wie kannst du das aushalten? Wir brauchen etwas, um uns daran zu halten.» Und die Antwort des Lehrers: «Wer braucht etwas? Wer seid ihr?»

Nach und nach entdeckten sie natürlich, dass es nicht notwendig ist, an irgend etwas zu hängen, sich auf irgend etwas zu verlassen. Es gibt gar nichts, auf das du dich beziehen könntest, denn du bist ES. Es ist, als ob man die Frage stellte: «Wo ist das Universum?»

Wo ist es im Raum? Alles im Universum fällt um alles andere herum, aber da gibt es keinen festen Boden darunter, auf dem etwas zerschellen könnte, weil der Raum immer weiter und weiter hinaus und hinaus geht, für immer und ewig und kein Ende hat.

Was ist das? Was könnte es anderes sein?

    Natürlich bist du es.

Nur, dass das Universum ergötzlicherweise so angeordnet ist, dass es, um nicht einseitig und voreingenommen zu sein, von einer unzähligen Menge von verschiedenen Standpunkten aus sich selbst anschaut.

Wenn du jetzt das, was ich sage, mit deiner Intelligenz verstehst, es aber nicht fühlst, dann muss ich dich fragen, weshalb du es fühlen willst. Vielleicht sagst du: «Ich will mehr als nur verstehen», aber auch das ist wieder spirituelle Habsucht, und du sagst das nur, weil du es nicht wirklich verstanden hast.

Es gibt nichts, dem du nachgehen müsstest, denn du bist ES. Um es mit christlichen oder jüdischen Begriffen auszudrücken, wenn du nicht von Anfang an weisst, dass du Gott bist, dann geschieht es, dass du mit Gewalt versuchst, Gott zu werden. Du fängst an gewalttätig und vorlaut zu werden.

Unsere ganze Gewalt, unser ganzes Strebertum, unsere ganze entsetzliche Überlebensangst kommt nur daher, dass wir nicht von Anfang an wussten, dass wir ES sind.

Hätten wir es von Anfang an gewusst, werden einige sagen, wäre überhaupt nie etwas geschehen.

Aber es ist geschehen, oder nicht?

Lass mich dir sagen, wenn du zufällig herausfindest, wer du wirklich bist, wirst du nicht etwa faul, sondern beginnst zu lachen, und Lachen führt zum Tanzen, und Tanzen führt zur Musik, und wir können zur Abwechslung miteinander musizieren.

OM

Der Wissende,
das Selbst inmitten,
ward nie geboren, noch
wird es sterben.

Nicht ist es erschaffen irgendworaus
und nichts erschafft es ausser seiner Selbst.
Es ist ursprünglich, ungeboren, dauernd, ewig.
Es stirbt nicht, wenn der Körper stirbt.
Und wenn der Tötende denkt, er tötet,
oder der Getötete, er sei tot,
so versteht von beiden keiner.
Nicht tötet es, noch kann es getötet werden.

Kleiner als das Kleine,
Grösser als das Grosse
ist es das Selbst im Herzen allen Seins.

Landschaft, Klang, und der Lauf des Wassers

Wir müssen sehr empfindsam sein, um den rechten Weg des geringsten Widerstandes, den Lauf des Wassers zu finden. Wenn wir ihn gefunden haben, dann können wir fliessen. OM.

Während Tausenden von Jahren haben die Künste, die Malerei und die Bildhauerei hauptsächlich religiösen Zwecken gedient. Was wir heute die schönen Künste nennen, gab es in Wirklichkeit gar nicht. Jede Kunst diente der Abbildung von Heiligem und hatte eine Aufgabe; sie sollte zur stillen Betrachtung, für Rituale oder magische Zeremonien verwendet werden. In einem Museum, das altertümlicher Kunst gewidmet ist (oder eigentlich jeder Vor-Renaissance-Kunst), wird fast jeder ausgestellte Gegenstand eine religiöse oder magische Bedeutung und Aufgabe gehabt haben. Diese Kunst wird hauptsächlich aus figürlichen Darstellungen von heiligen Wesen in Menschen- oder Tiergestalt bestehen.

In der Malerei kannst du natürlich keine Figur ohne einen Hintergrund sehen. (Tatsächlich gilt dies auch für die Bildhauerei, aber in unserer Kultur haben wir den Hintergrund einer Skulptur als unwesentlich angesehen, weil er nicht etwas ist, das vom Künstler geschaffen wurde.) Aber wenn du malst, besonders, wenn du auf einer rechteckigen Fläche malst, anstatt auf einer, die so geformt ist, dass der Umriss der Figur gleichzeitig den Rahmen bildet, dann musst du irgendeine Art von Hintergrund malen.

Frühe griechische oder russische Ikonen hatten Hintergründe aus purem Gold, oft mit Juwelen verziert. Aber mit der Zeit begannen die Maler Landschaften in den Hintergrund ihrer Bilder zu malen, weil das die Art ist, wie wir Leute sehen. Sie müssen sich abheben *gegen* irgendeinen Hintergrund.

Nicht lange, da begannen die Maler im Westen sich mehr und mehr vom Hintergrund fesseln zu lassen. Es kam darauf hinaus, dass sie der Figur sagten: «Mach Platz!», und die Landschaftsmalerei war geboren. Leute, die diese Landschaften sahen und sich noch nicht an diese Art gewöhnt hatten, sagten: «Na ja, meiner Vorstellung von Malerei entspricht das nicht.»

Aber mit der Zeit gewöhnten sie sich daran. Tatsächlich sind die Leute unterdessen so an Landschaften gewöhnt, dass es in jedem National-Park eine Stelle gibt, die Inspirations-Punkt genannt wird, und von wo man eine grossartige Aussicht hat. Touristen kommen von weither, um sich diesen Ausblick anzusehen und sagen: «Ah, das sieht aus wie ein Bild.»

Etwas sehr Geheimnisvolles ist geschehen. Was war es eigentlich, was die Maler so gefesselt hat an den Bergen, Bäumen, Wolken und Flüssen? Warum begannen sie, diese als schön anzusehen? Warum hatten sie plötzlich den Eindruck, dass es diese Dinge verdienten abgebildet zu werden?

Auf einmal verliebten sich die Maler in das Unsymmetrische. Menschen- und Tierformen sind, wenn auch veränderlich, so doch mehr oder weniger symmetrisch. Wir sehen aus, als hätte man uns in der Mitte auseinandergefaltet; wir haben auf jeder Seite ein Auge, wir haben zwei Ohren, zwei Arme, zwei Beine, und wir sehen recht symmetrisch aus. Aber Wolken tun dies nicht. Das Nichtsymmetrische strahlt etwas wie Freiheit aus.

Und dann ist da noch etwas anderes. Wir machen uns eine Menge Gedanken über unser Verhalten. Wir sprechen von gutem Benehmen und schlechtem Benehmen, von vernünftigem Verhalten und verrücktem Verhalten, von geziertem Verhalten und natürlichem Verhalten; und wir machen daraus eine grosse Sache.

Aber der Maler macht sich keine Gedanken über das Benehmen von Wolken, Felsen oder aufspritzendem Wasser. Man könnte sich nicht vorstellen, dass eine Welle eines ästhetischen Fehlverhaltens angeklagt würde. Niemand hat wohl, so glaube ich, jemals einer Wolke vorgeworfen, schlecht geformt zu sein. Und nur einmal in der Geschichte ist eine Klage über die Sterne lautgeworden. Im achtzehnten Jahrhundert gab es einen Franzosen, der mit Gott ins Gericht ging, weil er die Sterne nicht in klaren geometrischen Mustern anordnete, was erbaulich gewesen wäre für den Intellekt, sondern sie stattdessen in zufälliger Weise über den Himmel verstreut hatte! Das war während der Zeit, als die Leute streng geformte Gärten anlegten, die Bäume und Hecken in die Form von Vögeln und Tieren zurechtstutzten, und die Rabatten und Wege in exakten geometrischen Formen anordneten.

Wenn du von San Francisco aus quer über die Vereinigten Staaten nach New York fliegst, schaust du zuerst auf ein langes Stück Bergland, wo sich die Menschen notwendigerweise der Natur anpassen müssen.

Weit und breit sind alle Strassen gekringelt, weil sie den Bergtälern folgen müssen. Da gibt es gewundene Flüsse und wunderschönes Schwemmland, die interessanterweise alle in Baumform verzweigt sind. (Es ist wirklich faszinierend, dass Flüsse und Bäume verwandte Formen aufweisen. Der Fluss der Säfte im Baum und der Fluss des Wassers im Bach entsprechen beide dem Fluss des Lebens.)

Die Landschaftsbilder, die du siehst, während du ostwärts fliegst, haben alle den Charakter des fliessenden Wassers. Alles schlängelt sich, wie sich auch die Strassen schlängeln, bis du nach Denver kommst. Von Denver an, wo das Land eben ist, ist alles gerade ausgerichtet. Da ist alles in Rechtecken angeordnet, Euklidsche Geometrie, vom Menschen in «rechte» Winkel gebracht. Die Landschaft spiegelt unsere Leidenschaft wieder, ja unsern Zwang, alles ins Lot zu rücken.

Wir sagen: «Wir wollen die Sache in Ordnung bringen, wir wollen sie regeln», und drücken damit aus, dass wir sie nach einer geraden Linie ausrichten wollen.

    Warum?

Wäre es nicht viel fröhlicher, Dinge kurvenreicher zu machen, als sie zu «regeln»?

Die Grundbewegung beim Tanzen besteht zum Beispiel darin, dass sich die Hüften unabhängig von den Schultern bewegen. Wenn du Hindu-Tänzern zuschaust, bewegen sich ihre Arme im Rhythmus der Hüften und Schultern, und sie sehen aus, als ob sie im Wasser wären. Sie sehen aus wie Wasserpflanzen, die sich in der Strömung wiegen, und viele von uns finden das sehr schön. Ein richtig schlängelndes Verhalten des Menschen.

Das bringt uns zurück zum Wasser. Alle Formen, die im Raum auftauchen haben den Charakter fliessenden Wassers.

Wenn du das Fliessen des Wassers studierst, gelangst du zu den Grundlagen der Natur. Lao-tse, der etwas vor 500 v. Chr. schrieb, hob hervor, dass der Lauf der Natur, das *Tao,* wie Wasser ist. Obwohl Wasser ausserordentlich nachgiebig ist, überwindet es alle harten Dinge; indem es schwach ist, ist es stark; es sucht sich immer die tiefste Ebene, den Weg des geringsten Widerstandes.

Den Menschen der westlichen Kultur wird beigebracht, dass es völlig falsch sei, der Natur zu folgen, den Weg des geringsten Widerstandes zu wählen: Das sei feige, würdelos und beschämend. Wir alle sind dazu erzogen worden kraftvoll und angriffslustig zu sein, uns mit Gewalt durchzusetzen. Ein Kind, das sich in der Schule nicht kräftig zu behaupten weiss, wird vom Lehrer wahrscheinlich als zumindest leicht gestört registriert. Das ist wirklich die verkehrte Welt.

Wenn du über Angelegenheiten des Menschen nachdenkst, stell immer den gesunden Menschenverstand in Frage. Das ist die schöpferischste Form der Philosophie. Nimm Ansichten, die allgemein anerkannt sind und unumstösslich erscheinen, und stell sie in Frage. Kehr ihr Inneres nach Aussen und schau, was geschehen würde, wenn man einmal andersherum darüber nachdächte.

Jedermann nimmt zum Beispiel selbstverständlich an, dass die Gegenwart das Ergebnis der Vergangenheit sei. Dreh das mal um, und überlege, ob nicht die Vergangenheit das Ergebnis der Gegenwart sein könnte. Die Vergangenheit könnte von der Gegenwart wegströmen, wie die Landschaft, die unter einem Flugzeug wegströmt.

Wenn du die Sache so anschaust, ergibt sie einen Sinn. Genau wie nicht der Schwanz mit dem Hund wedelt, bedingt nicht die Vergangenheit die Gegenwart – es sei denn, du bestehst darauf, dass es so sei.

In Wirklichkeit taucht das ganze Universum aus der Gegenwart auf. Alles fängt jetzt an. Wir sind gegenwärtig in diesem Augenblick am Beginn der Schöpfung, und die Vergangenheit, das sind bloss Echos, die durch die Korridore unseres Denkens zurückhallen.

    Das Vergangene ist tatsächlich Gegenwart.

Schau mal, das Universum ist eine Schwingung.

Uns erscheint es zwar unbewegt und festgefügt, wie ein Stein. Normalerweise werden wir nicht gewahr, dass der Stein eine ausserordentlich rasche Schwingung ist, so rasch, dass wir das Hin- und Herschwingen nicht wahrnehmen können.

Tatsächlich schwingt aber alles hin und her, geht an und aus; wie eine elektronische Vorführung. Die Welt begegnet uns wie die Bilder eines Films. Und alles kommt aus dem Raum. Wir sehen die Sterne aus dem Raum heraus schwingen; gäbe es keinen Raum, gäbe es auch keine Sterne und keine Milchstrassen.

Nun sehen wir, dass da Etwas aus Nichts herauskommt.
Es ist ganz offensichtlich, dass Nichts die Wurzel von Etwas ist.
Du kannst nicht Etwas ohne Nichts haben. Du kannst nicht
die Figur ohne Hintergrund haben.

Das Loch und sein Rand entstehen gemeinsam.

Lao-tse sagt: «Sein und Nichtsein erwachsen gegenseitig.» Die Prinzipien Yang und Yin erzeugen einander gegenseitig. Man könnte sie mit der nördlichen und der südlichen Seite eines Berges vergleichen, die Nordseite der Schatten, die Südseite die Sonne. Offensichtlich kannst du keinen Berg mit nur einer Seite haben.

Menschen, die dieses Prinzip nicht erfassen, versuchen immer, das Yang ohne das Yin zu haben. Sie wollen das Licht ohne Dunkel, das Gute ohne das Böse, die Lust ohne die Pein, das Etwas ohne das Nichts, das Leben ohne den Tod. Dies ist natürlich zutiefst unlogisch.

Dieses ganze Yang/Yinnen hat einen Rhythmus, enthält ein Muster, und dieses Muster lässt sich aus dem Fliessen des Wassers und wie es sich verhält ablesen. Künstler haben versucht es wiederzugeben, weil es sich im Wasser zeigt, dass das *Tao,* oder der Lauf der Natur, niemals einen ästhetischen Irrtum begeht.

Dem Burschen der sich bei Gott beklagte, dass die Sterne so schlecht verteilt seien, fehlte ein angemessener Ausblick auf die Milchstrasse. Wir befinden uns im Innern der Milchstrasse, und von nahem sieht es so aus, als seien die Sterne zufällig hingestreut worden. Aber, wenn wir uns auf einen ganz gewaltigen Abstand entfernen könnten, würden wir erkennen, dass unsere Milchstrasse zu einer wundervollen Doppelspirale geformt ist. Viele andere Galaxien sind ebenfalls grossartige Doppelspiralen, obwohl sie verschiedenartige Formen aufweisen. In einer Doppelspirale sehen wir, dass sich die beiden Teile im Kreis bewegen und sich gegenseitig verfolgen. Und jeder Teil erkennt sich nur aus dem Verständnis des andern heraus.

Du könntest dir niemals deines Selbstgefühls gewahr werden, wärest du dir nicht gleichzeitig eines Fremdgefühls gewahr. Du kannst keine Gestalt ohne Hintergrund sehen.

Nun, wenn du kein Selbst haben kannst ohne etwas anderes, kein Yang ohne Yin, kein vorn ohne hinten oder keine Kenntnis von willentlichen Handlungen ohne die Erfahrung unwillkürlichen Geschehens, dann gibt es da eine Verschwörung. Mit andern Worten: Da sind zwei, die verschieden *erscheinen,* die aber esoterisch und insgeheim dasselbe sind.

Wenn du das erkennst, hast du ein Problem. Deshalb könnte man sagen, dass es eine Art Kalamität sei, im buddhistischen Sinne des Wortes erleuchtet zu sein. Du erkennst die List, mit der du dich selbst überlisten wolltest. Du findest heraus, dass das Universum ein System ist, das sich selbst anschleicht und «Buh!» ruft, und sich dann selbst auslacht, weil es erschrocken ist.

Das Universum ist eine Anordnung, die sich selbst überrascht und auf diese Weise die Eintönigkeit und Langeweile vermeidet, die entsteht, wenn man schon alles im voraus weiss. Und du und ich, wir haben uns mit uns selbst verschworen und so getan, als wären wir in Wirklichkeit nicht Gott.

  Aber natürlich sind wir es.

Wir alle sind Öffnungen, durch die das Universum sich selbst betrachtet.

Vielleicht haben Künstler mit der Zeit begonnen, davon eine Ahnung zu bekommen und sind deshalb von einem bestimmten Punkt in der Entwicklung der Malerei an allmählich müde geworden, Menschen, Bäume, Wolken und Wasser abzumalen, und haben sich gefragt, weshalb nicht *sie* die Werke der Natur erschaffen konnten.

    Und das taten sie dann.

Jackson Pollock liess in Tat und Wahrheit die Sache mit dem Lauf des Wassers geschehen, wenn er seine Farbe auf die Leinwand tropfte, ohne dass er irgendetwas abzeichnete. Der Künstler muss, um dies tun zu können, in einem bestimmten Zustand sein, denn es gibt einen grundlegenden Unterschied zwischen guter abstrakter Kunst und blossem Geschmier.

Viele Leute dachten, es sei ein Kinderspiel, abstrakte Bilder zu malen, und so machten sie sich daran, abstrakte Bilder zu malen, für die sich kein Mensch interessierte, weil sie schlicht fürchterlich waren. Und einige Leute nahmen Schreibmaschinen, schlugen sie mehrmals mit einem Vorschlaghammer zusammen, montierten sie auf Nussbaumsockel und nannten sie «Opus 14» oder so. Und das war vollkommen hohles Getue.

Aber es war offensichtlich, dass Pollock und viele andere abstrakte Künstler durchaus keine Schwindler waren, obwohl es unmöglich war zu erklären, weshalb.

Genauso ist es unmöglich zu erklären, weshalb die Muster, die Wasser, Wolken oder Berge formen, schön sind.

Der Lehrer in einem Kurs über Ästhetik mag eine Reihe von Dreiecken in ein Gemälde zeichnen und auf diese Muster aufmerksam machen, die dem Auge schmeicheln sollen, aber das sind ja bloss geometrische Formen, und es ist vollkommene Torheit zu behaupten, dass die Schönheit allein in der Geometrie liege. Kein Mensch weiss oder kann sagen, weshalb ein Berg schön ist. In Kunstschulen, wo versucht wird, einem beizubringen, wie man schöne Dinge erschaffen kann, findet man schliesslich heraus, dass Schönheit nicht lehrbar ist. Wäre sie lehrbar, hätten wir Tausende von Rembrandts und Picassos, die aus den Kunstschulen hervorgingen, und die Leute würden sagen: «Ach, das ist kalter Kaffee, bringt mal was Neues.»

Ebenso ist es wahr, dass Musik nicht gelehrt werden kann. Was du lehren kannst, ist, wie man ein Instrument spielt und wie man Noten schreibt. Du kannst die alten Meister kopieren, aber es bleibt eben eine Kopie. Als Bach seine Musik schrieb, erfand er in Wahrheit die Gesetze der Harmonie. Und heute studiert jedermann Bach, um die Gesetze der Harmonie herauszufinden.

Auf die gleiche Weise entsteht die Sprache vor der Grammatik. Ein Kind lernt eine Sprache vom Hören, und wenn es dann in die Schule kommt ist es erstaunt und entsetzt, entdecken zu müssen, dass diese Sprache eine Grammatik hat. Scharen von Völkern auf der ganzen Erde wussten nichts davon, dass sie eine Grammatik hatten, bis es ihnen von irgendeinem Völkerkundler beigebracht wurde, der die Regeln ihrer sogenannt primitiven Sprachen entdeckte.

Der Künstler weiss also nicht, was Schönheit ausmacht, und zwar aus dem genau gleichen Grunde, aus dem du und ich unsere eigenen Köpfe nicht sehen können und nicht wissen, wie unsere Gehirne funktionieren. Selbst die grössten Neurologen wissen nicht, wie das Gehirn funktioniert, und sie sind die ersten, die dies auch zugeben. Sie wissen nicht, wie wir es fertigbringen, bewusst zu sein, wie wir Entscheidungen treffen; wir tun es einfach, genau, wie wir unsere Finger bewegen, ohne eine Ahnung von Physiologie zu haben. Und ebenfalls in der gleichen Weise gelingt es dem Künstler, das Schöne zu erschaffen.

Man könnte deshalb annehmen, dass eines Tages, wenn die Massen für die spontane Malerei Verständnis gefunden haben werden, Leute durch die Strassen einer Stadt gehen, vor einer schmuddeligen Mauer stehen bleiben, die mit Fetzen von abgerissenen Plakaten, Vogeldreck und Kratzspuren bedeckt ist, und sagen: «Schau, das sieht aus wie ein Bild!»

Sehen wir uns mal die Musik an, wie sie im Westen gespielt wird. Betrachte doch mal, was für ein Ritual so ein Konzert im Westen ist. Da sitzen alle diese in schwarz gekleideten Damen und Herren in einem Halbrund; der Dirigent erscheint zum Spektakel eines tosenden Beifalls, verbeugt sich und gestikuliert in Richtung auf das Orchester; plötzlich ist er startbereit. Und dann geht *die Sache* los. Es kann ¼ Takt sein oder ⅝ Takt, aber bestimmt ist es ein regelmässiger Takt. Und wenn das Stück auch noch so gefühlvoll und melodisch sein mag, für das Ohr des Orientalen wird es wie ein Militärmarsch klingen. Und dann ist alles *sehr* ernst. Die Musiker vollführen *die Sache*, der wir da lauschen sollen, und jedes andere Geräusch muss unterdrückt werden. Du siehst die Orchestermitglieder niemals sich gegenseitig zulachen, wie sie das zum Beispiel in einem Hindu-Orchester tun. Das Publikum hat still zu sein, kein Husten, kein Niesen, kein Scharren.

Das gleiche Theater wird beim Radio und Fernsehen veranstaltet, wo man einen unglaublichen Aufwand treibt, um den Anschein zu geben, die Aufführung sei nicht im Radio- oder Fernsehstudio aufgenommen worden. Umgeben von schalldichten Wänden zählt jemand die Sekunden ab mit einer Uhr und sagt: «Achtung», und jedermann hat stille zu sein. Dann deutet er auf den Sprecher und sagt «Los». Es wäre ein unverzeihlicher Faux pas, wenn Umweltgeräusche in die Sendung hineingerieten. Aber wenn du fernsiehst oder Radio hörst, hörst du vielleicht auch gleichzeitig ein Feuer knistern, einen Lastwagen vorbeifahren oder jemanden auf der Schreibmaschine tippen. Warum dann soviel Sorge um Geräusche?

John Cage, ein ausserordentlich kompetenter Musiker und ein guter Freund von mir, ist ein ungewöhnlicher Exzentriker. Zuerst machte er Versuche, indem er das Klavier öffnete und an den Saiten Büroklammern, Nägel und Unterlagsscheibchen befestigte, so dass diese sehr ungewohnte Klänge von sich gaben.

Dann spielte er ganz normale Stücke auf seinem – wie er es nannte – präparierten Klavier.

Dann beschloss er, eine Reihe von zwölf Radios aufzustellen, jedes von einer Person bedient, die es gemäss einer vom *I Ging* abgeleiteten Reihe von Intervallen an- und ausschalten musste. Nachdem die Radios alle auf verschiedene Stationen eingestellt waren, entstand dabei eine ganz ausserordentliche Schlacht.

Dann nahm er allerart Geräusche auf Band auf: Strassenverkehr, Leute, Flughäfen usw. und liess alle zur gleichen Zeit abspielen.

Ein andermal nahm er eine enorme Menge verschiedenartigster Geräusche auf und liess sie in einer Kunstgalerie ablaufen, wo eine grosse Anzahl Leute umhergingen, dieses Ereignis selbst nahm er wieder auf, also die Geräusche, die das Publikum als Reaktion auf die Töne, die er ursprünglich aufgenommen hatte, von sich gab. Das spielte er wiederum dem Publikum vor, und nahm nochmals seine Reaktionen darauf auf und spielte den Leuten diese wieder vor.

Und dann hatte er eine wirklich verblüffende Idee. Er gab ein Konzert, ganz den konventionellen Formen entsprechend in einem der grossen Musiksäle von New York. Cage erschien wundervoll herausgeputzt mit weisser Krawatte und Frack und mit einem Assistenten, der ihm am Flügel die Notenblätter wenden sollte. Alles war sehr förmlich in Szene gesetzt. Nur bestand die Partitur durchgehend aus Pausen. Es war aber eine Tonart vorgeschrieben und es gab Wiederholungszeichen, die an einigen Stellen ein Zurückblättern nötig machten. Cage setzte sich an den Flügel und pausierte während der angemessenen Zeit, in der *die Sache* ablief. Unterdessen blätterte sein Assistent um und das Publikum begann zu kichern, zu scharren, zu husten und zu niesen. Der Witz der Aufführung war, dass das Publikum sich selbst zuhören sollte. Er erklärte dies nicht, aber es sprach sich herum, dass dies die Idee war.

Was er wollte, verstehst du, war, die Aufmerksamkeit auf Geräuschkulissen lenken, auf *Klangschaften*. Wie eine Landschaft der natürliche Hintergrund für Menschen, Häuser usw. ist, so ist der Hintergrund von Musik die Klangschaft, das unablässige Gesumm von Tönen, die uns umgeben.

Daran ist in gewisser Weise etwas sehr Wichtiges, und wir müssen uns der chinesischen Philosophie zuwenden, um es zu verstehen.

Die Chinesen entwickelten lange vor uns einen Sinn für Landschaft. Schon um 700 n. Chr. gab es Landschaftsmaler in China. Wenn in Landschaften Menschen abgebildet wurden, dann nur ganz klein, weil die Chinesen den Menschen immer in die Natur eingebettet sahen. Sie sahen den Organismus immer in Beziehung zu seiner Umgebung. Sie hatten auch ein anderes Konzept der Perspektive. Unser Konzept der Perspektive besagt, dass die Dinge immer kleiner werden, je weiter sie entfernt sind (und wahrscheinlich auch weniger wichtig). Viele Menschen, die nicht mit unserer Kultur vertraut sind, verstehen ein perspektivisch gezeichnetes Bild überhaupt nicht, wenn man es ihnen zeigt. Sie weisen darauf hin, dass doch der Baum in der Entfernung gar nicht so klein ist im Verhältnis zu irgendeinem Gegenstand im Vordergrund; sie sehen es einfach nicht so wie wir.

Als einmal ein amerikanischer Soldat während der Befreiung Frankreichs Picasso besuchte, sagte er, er könne die Bilder des Künstlers nicht verstehen. «Warum malen sie jemanden gleichzeitig von der Seite und von vorne?»

Picasso fragte: «Haben Sie eine Freundin?»

«Ja», antwortete der Soldat.

«Haben Sie ein Bild von ihr?» Der Soldat zog eine Fotografie des Mädchens aus seiner Brieftasche.

Picasso betrachtete es mit gespielter Belustigung und fragte: «Ist sie so klein?»

Wie wir über Kunst und über das Leben denken, hängt in enormem Mass von dem ab, was allgemein üblich ist. Aber wir müssen uns vor falsch verstandener Spontaneität hüten, vor dem nur gerade gegen das Übliche Anrennen. Das ist nicht der Lauf des Wassers. Das ist nicht der Weg des geringsten Widerstandes.

Wir müssen sehr sensibel werden, um zu entdecken, welches dieser Weg ist.

> Wenn wir das gefunden haben,
> dann sind wir fähig zu fliessen.

OM

Wer gibt dem Gehirn ein, Gegenstände zu gewahren?
Wer ruft das Leben auf zu seinem ersten Atemzug?
Wer will, dass diesen Worten Klang verliehen werde?
Und welcher Gott schenkt Ohr und Auge ihre Kraft?

Es ist das Hören des Ohres,
das Gewahrsein des Gehirns,
der Urton der Sprache,
das Leben des Atems
und das Sehen des Auges.

Deshalb geben die Weisen
sich selbst auf,
gehen über diese Welt hinaus
und sind unsterblich.

Aber ES ist ausserhalb der Reichweite von Sehen, Sprechen und Denken,
und weder wissen noch verstehen wir,
wie es gelehrt werden kann.

ES ist anders, als was wir kennen,
geht hinaus über das, was wir nicht kennen,
so haben wirs gehört von den Weisen.

ES ist, was nicht gesprochen werden kann,
durch das wir aber sprechen.

ES ist, was nicht gedacht werden kann,
durch das wir aber denken.

ES ist, was nicht gesehen werden kann,
durch das wir aber sehen.

ES ist, was nicht gehört werden kann,
durch das wir aber hören.

ES ist der Atem, der nicht gehalten werden kann,
durch den wir aber atmen.

ES ist denen bekannt, die nicht erkennen;
und denen, die es kennen, ist es unbekannt.

ES wird nicht verstanden von denen, die es verstehen;
ES wird verstanden von denen, die es nicht verstehen.

Die Grenzen der Sprache

Mit welchen Augen wir die Welt auch ansehen, es ist lediglich eine Möglichkeit, die Dinge zu betrachten, und es gibt unendlich viele Betrachtungsweisen. OM.

Wenn wir sagen, dass wir etwas verstehen, meinen die meisten von uns, dass es uns gelungen ist, Worte dafür zu finden.

Doch wir verstehen unzählige Dinge, die wir nicht in Worten kennen. Wir verstehen zu atmen, zum Beispiel, aber wir sind nicht imstande, das in Worten auszudrücken.

Irgendwie haben wir uns in eine Geisteshaltung hineinmanövriert, bei der wir das Gefühl haben, dass, wenn wir etwas nicht in Worte kleiden können – besonders, wenn es um Dinge geht, wie ich sie eben besprochen habe – wir es nicht begreifen.

Es gibt Wege, sein Leben zu leben, die innerhalb der Strukturen, die wir als vernünftig oder wissenschaftlich angesehen erachten, keinen Platz finden. Hierhin gehört auch die Lebensweise der Pflanzen. Wir sagen von jemandem, dessen Körper und Geist nur in ganz geringem Masse funktionieren, dass er dahinvegetiere. Das ist eine Beleidigung für die Pflanzen. Keine Pflanze ist einfach *nur* eine Pflanze.

Je mehr du über Botanik weisst und je mehr du deine Phantasie spielen lässt und versuchst, dich in eine Rose hineinzuversetzen, desto deutlicher wirst du erkennen, dass dies eine sehr wesentliche Form des Lebens ist.

Emerson sagte dies in einem berühmten Passus: «Diese Rosen unter meinem Fenster zerbrechen sich nicht den Kopf darüber, ob sie besser sind als frühere Rosen oder ob spätere Rosen besser sein werden als sie. Da ist ganz einfach die Rose; sie lebt mit Gott im Heute. Aber die Menschen, blind für die Reichtümer, die sie umgeben, sind stets begierig, einen Blick in die Zukunft zu tun und nicht in der Lage, vollständig im Hier und Jetzt zu leben.»

Das ist das Wesentliche, das wir bei bestimmten anderen Kulturen und bei bestimmten anderen Arten nicht erkennen. Vieles von dem, was die afrikanischen Kulturen uns geschenkt haben, vor allem in der Welt der Musik, haben mit dem Lebendigsein im Hier und Jetzt zu tun, im Gegensatz zum Pläneschmieden für ein andermal.

Wir haben einige Kulturen primitiv genannt, weil sie sich nicht an unser kulturelles Schema halten, für die Zukunft zu arbeiten. Oft waren es Leute, die mit ihrem Dasein zufrieden waren, doch dann sind wir angeschwirrt gekommen und haben uns in ihre Lebensstile eingemischt, indem wir ihnen weismachten, dass sie nicht wirklich kultiviert waren, da sie kein Interesse für den «Fortschritt» hatten. Wir wollten einen Beweis für die Tatsache, dass sie in einer nichtgeschichtlichen Welt lebten.

Doch es hatte geheissen: «Glücklich sind die Menschen, die keine Geschichte haben.» Was ist denn letztlich Geschichte? Es ist eine lange Liste von Machtspielchen, von Eroberungen, Schlachten, Tumulten, von Menschen, die auf Gewinn aus sind.

Natürlich gibt es Kultur ganz unabhängig von Geschichte. In einer nicht geschichtlich orientierten Kultur richtet sich das Augenmerk darauf, voll und ganz *dabei zu sein,* wenn es sich um die sich regelmässig wiederholenden alltäglichen Dinge handelt wie Kochen, Gärtnern, Jagen und Lieben. Ungeteilte Aufmerksamkeit wird diesen Dingen zuteil und aufgrund dessen werden sie zu sehr schönen Künsten.

Für uns im Westen ist es dringend notwendig, dass wir diese Art des nicht geschichtlich orientierten Lebens schätzen lernen.

Merkst du, wie unser Bewusstsein beeinflusst wird, dadurch dass wir ständig etwas ausgesetzt sind, das wir Nachrichten nennen? Wir lesen die Zeitungen, wir hören die Nachrichten am Radio, und wir erhalten den Eindruck, die Welt sei eine Art Laufbahn. Da läuft doch das ab, was sich Geschichte nennt, und die Zeitungen informieren uns genauestens darüber, und wir geraten völlig aus dem Häuschen. Wir hören von Greueltaten, Ungerechtigkeiten, Katastrophen, politischen Machenschaften – all das sind entsetzliche Nachrichten – und unsere Drüsen reagieren darauf, indem sie mehr Adrenalin ausschütten und uns alle darauf vorbereiten gegen Schlechtigkeit und Unrecht anzukämpfen, und doch,

    wir können daran überhaupt nichts ändern.

Nur sehr einflussreiche Leute können, wenn sie in der Zeitung lesen, dass sich etwas Grässliches zugetragen hat, den Telefonhörer abheben und einen Freund anrufen und ihm sagen: «Was, zum Teufel, machst du da?» und eine Änderung herbeiführen. Dem normalen Sterblichen, der versucht, einen Senator an den Draht zu kriegen, den Präsidenten, den Oberrichter des Obersten Bundesgerichtes, wird es nicht einmal gelingen, bis zu ihnen vorzudringen, sondern die ganze Adrenalinschlacht wird in seinem Inneren toben, ohne dass er sich Erleichterung verschaffen kann.

Wir sind umgeben von einem nicht funktionierenden Kommunikationssystem. Das soll heissen, dass Radio, Fernsehen, Zeitungen und so weiter – sämtliche Informationen, die jedermann erhält – in Wirklichkeit nutzlos sind,

> weil du nichts daran ändern kannst.

Überdies besteht ein himmelweiter Unterschied zwischen der Welt wie sie ist und der Welt wie sie beschrieben wird. Wir nehmen an, dass die Welt, wie sie Fernsehen, Zeitungen, Filme, Bücher, Zeitschriften, *Time* und *Newsweek* wiedergeben, dem entspricht was tatsächlich geschieht, weil wir uns an das literarische Brauchtum eines westlichen Industriestaates gewöhnt haben.

Nichts von alledem trifft zu.

So wie deine Meinung über dich selbst nicht du selbst bist, so sind die Nachrichten nicht das, was vor sich geht. Es ist eine Sicht der Ereignisse aus einem besonders schrägen Blickwinkel, Ausdruck des beschränkten Intellekts von Politikern und Reportern.

Was sich tatsächlich in der Welt tut, ist ganz, ganz anders. Mit welchen Augen wir die Welt auch betrachten und welche Auswahl wir dabei treffen, was wichtig ist und was nicht, es ist nur eine Möglichkeit, die Dinge zu betrachten, und es gibt unendlich viele Betrachtungsweisen.

Grosse Künstler haben dies gezeigt, während sie uns das Sehen lehrten. Wir haben in einem früheren Abschnitt vom Fortschreiten gesprochen, vom Figürlichen weg zu Landschaften bis hin zu abstrakter Malerei. Du wärst überrascht, wenn du dich in den Gemütszustand eines Gelehrten im Europa des dreizehnten, vierzehnten Jahrhunderts versetzen könntest, unterwegs in den Alpen. Du stellst dir vielleicht vor, dass die Person sieht, von welcher Pracht die Berge sind, doch für den Gelehrten stellten sie nur eine Bedrohung und eine grosse Plage dar, die es durchzustehen galt. Er sah die Schönheit nicht, bis die Künstler sie ihm zeigten.

Überlegungen dieser Art lassen uns erkennen, wie sehr unser Wissen von der Welt ein konventionelles Wissen ist. Wir beschränken uns auf eine Auswahl bestimmter Dinge, die zu sehen wir gedrillt wurden, und übersehen alles andere.

Es ist als ob die Welt ein Rorschach-Klecks wäre, und für diesen Klecks gibt es eine offizielle Auslegung. Jedermann ist damit einverstanden, dass es so ist.

Dann kommt irgendein grosses Genie daher und macht uns darauf aufmerksam, dass wir die Welt auch ganz anders sehen können, und jedermann wird zunächst sagen, das sei verrückt. Doch wenn das Genie lange genug auf seiner Meinung beharrt, werden wir die neue Betrachtungsweise übernehmen.

Heute können wir uns die Malereien Cézannes ansehen und erkennen, dass es wirklich so aussieht. Wir können einen Van Gogh anschauen und sehen, dass er genau verstanden hat, wie es sich anfühlt.

    Sie haben uns gelehrt zu sehen.

Als Kind dachte ich, chinesische Kunst entstamme dem Reich der Phantasie. Die Dinge sahen einfach nicht so aus; Blumen und Bäume waren stilisiert, unheimlich. Als ich mich aber in die chinesische Kunst einlebte, sah ich, dass sie die Dinge mit unglaublicher Genauigkeit betrachteten.

Im Victoria und Albert Museum in London sah ich einmal den japanischen Holzschnitt eines Tigers. Es war der komplizierteste, phantasievollste Tiger, den ich je in meinem Leben gesehen hatte, und ich war überzeugt, dass er niemals enträtselt werden würde aber er faszinierte mich, weil er so unwirklich war.

Ich nahm also meinen Zeichenblock und zeichnete den Druck ab. Sehr sorgfältig folgte ich allen Gliedern des Tigers und entdeckte, dass sie völlig logisch angeordnet waren. Da war keine Spur mehr des Unwirklichen, es war einfach eine sehr geschickte Darstellung eines Tigers, wunderschön ausgeführt.

Als ich schliesslich in der Lage war, den Fernen Osten zu besuchen, war es für mich höchst amüsant, wie sehr Japan nach Japan aussah. Hier hatte ich alle diese Bilder tagtäglich direkt vor Augen. Die Malereien schienen nicht mehr unwirklich.

Das will heissen, dass jeder von uns die Welt in einer bestimmten Weise betrachtet, die uns Schrecknis und Vergnügen zugleich ist. Von der Wiege bis zum Grab haben wir ein Programm, das, wie wir meinen, die Zustimmung der Gesellschaft findet, und wir werden richtiggehend funktionsunfähig, wenn wir uns nicht genau daran halten können. Diese gesellschaftliche Auslegung des kosmischen Rorschach-Kleckses findet ihren Ausdruck in Worten und Gepflogenheiten, und wir glauben, dass dies das ganze Leben sei. So ist es aber ganz und gar nicht.

Bei dem Versuch, den Gepflogenheiten zu entrinnen und den Schranken zu entgehen, die Worte zwischen dir und der Wirklichkeit aufbauen, magst du vielleicht bereit sein, deiner Identität abzuschwören. In Wirklichkeit sagst du: «Das Spiel ist aus. Wir wollen doch mal sehen, was dahintergesteckt hat. Was ist eigentlich wirklich los?»

Sei auf der Hut, damit nicht der nächstbeste Swami, der vorübergeht, dich mit einer weiteren institutionalisierten Version der wahren Welt hereinlegt. So ist zum Beispiel die Vorstellung, dass bei deiner Erweckung alle Unterschiede verschwunden sein werden, eine konventionelle Art, das Universum zu betrachten.

Ganz offensichtlich gibt es auch eine Art, wie du die Welt von dir selbst aus sehen kannst; das mag sehr wohl in Übereinstimmung mit dem sein, was andere Leute sehen, und du wirst in der Lage sein, anderen davon Mitteilung zu machen, wie du es siehst. Vielleicht ist es nur ein Leuchten in den Augen, das dir zeigt, jemand anderer sieht es in der gleichen Weise wie du.

Alle unsere Meditationsübungen zielen darauf ab, unser Bewusstsein für das zu öffnen, was um uns vorgeht, im Unterschied zu dem, was gesagt wird, dass vorgeht. Um dies zu erreichen, müssen wir unsere Wörter beiseite lassen, unsere Beschreibungen, und dem tatsächlichen Ereignis unsere ganze Aufmerksamkeit schenken.

    So einfach ist das.

Wenn du wirklich dorthin gelangst, wo man nicht darüber spricht, dann ist alles vollkommen klar. Alle Probleme verschwinden, sobald du dich in der nonverbalen Dimension des Bewusstseins befindest.

Theologie, Philosophie und Metaphysik, so wie sie von uns gewöhnlich diskutiert werden, sind nicht länger vordringliche Probleme. Du siehst die Antwort auf alle Fragen von Theologen und Metaphysikern und du siehst, warum ihre Fragen absurd sind.

Du siehst, dass dies der Augenblick sein kann, nach dem du dich immer gesehnt hast –

> Das Göttliche Geschehen
> dem die ganze Schöpfung entgegenstrebt.

Das wird vollkommen klar, wenn du, zumindest zeitweise, versuchst, von Beschreibung und Kommentar abzuschen und das Leben unmittelbar zu erfahren.

OM

Lausche.
Lausche in die Tiefe.
In die Tiefe zu diesem Klang.
Was ist es?
Ein Lufthauch?
Schwingende Stimmbänder?
Deine eigenen Trommelfelle?
Etwas, das dir durch den Kopf geht?
Ja, dies alles ist's.
Dieser Ton ist deine Schwingung.
Dieser Klang bist du.

Und wer bist du?

Gib mir nicht Name, Wohnort und Beruf an.
Du weisst, das ist bloss Fassade, Maske, Grosse Vorstellung.
Wer inszeniert sie? Dein Körper?
Was für ein In-Szene-Setzen!
Und wer führt Regie?
Dein Vater und Deine Mutter. Haben sie dich auf die Bühne gestellt?
Komm herunter.

Du weisst sehr gut, wer du bist, aber du willst es nicht zugeben. Tief hier drinnen in der Mitte, in der Mitte deines Herzens weisst du es. Du bist schon immer da gewesen und wirst es auch immer sein.

Und das du in dir ist das gleiche wie das du in mir.

Du bist nicht irgendein Tourist, der nur mal eben diese Welt für kurze Zeit besucht. Du gehörst hierher, wie der Apfel an den Baum. Und wie der Apfel die Kraft des Baumes ist, so bist du ... ja du ... du bist die Kraft der Welt.

Du weisst nicht, wer du bist, nicht wahr? Du kannst nicht wirklich an dich herankommen. Wie die Fingerspitze nicht sich selbst berühren kann, und die Zähne nicht sich selbst beissen.

Und das kommt daher, dass du,
das du ganz innen,
das ist, was wir Brahman nennen.
Das Selbst des Universums.
Das *Welche*, wie es *welcher* als welches keines gibt.
Das Herz und der Urgrund von allem, was geschieht.

Du nimmst an, du wirst eines Tages sterben. Ja.
Das kommt daher, dass du immer mal wieder
auf *Aus* schalten musst,
damit du wahrnehmen kannst, dass du *An* bist.
Du kannst kein Auf ohne ein Ab haben,
kein Hinten ohne ein Vorn,
keinen hellen Tag ohne eine dunkle Nacht.
Das Ganze ist ein pulsierender Rhythmus.

Was also tust du, Brahman?
Du spielst *An* und *Aus* mit dir selbst.
Verstecken mit dir selbst.
Du vertreibst dir ewige Zeit mit Abenteuern.
Du vergisst, wer du bist, wirklich.

Immer mal wieder tust du so, als seist du bloss ein
Hans Meier oder ein
Lieschen Müller oder ein
Schmetterling oder ein
Wurm oder ein
Stern.
Und dass du verloren seist inmitten der grossen,
grossen Welt ausserhalb von dir.
Das bist nicht du.
Das verstehst du nicht.
Das hast du nicht in der Hand.

Natürlich,
es muss etwas Anderes dasein,
damit das Empfinden möglich wird:
du bist du.
Und, damit du dich wirklich als dich fühlen kannst,
musst du diese äussere Welt tatsächlich als
fremd, anders, unheimlich empfinden.

Du alter Ränkeschmied!

Ganz tief drinnen,
da kennst du die ganze Geschichte und
was du möchtest, ist eine Überraschung.
Deshalb musst du die Zügel aus der Hand geben.
Du musst dich verlassen und allein fühlen,
um zu wissen: du bist du.
Und du spielst deine Rolle aus,
indem du Begierde und Liebe erfindest,
Furcht und Schrecken,
Nagende Ängste und
tobende Schreikrämpfe.

Das alles, damit du dir einbilden kannst, dass es nicht wirklich
du bist.
Es ist ES,
das die Vorstellung inszeniert.

Aber unser Geheimnis lautet ...

Du bist ES!
Du inszenierst die Vorstellung.
Aber, indem du deine Rechte nicht wissen lässt, was deine
Linke tut,
Indem du das Leben eine unüberbrückbare Kluft schlagen lässt
zwischen dem, was du tust
und dem, was dir geschieht.
Das ist die grosse Illusion, das Spiel,
die Grosse Vorstellung.

Und du spielst dein Spiel nicht nur
mit so einfachen Requisiten wie
An und Aus,
schwarz und weiss,
Leben und Tod.

Damit diese Welt so wirklich wie nur möglich erscheint,
muss diese Welt, die du da vorspielst,
so mannigfaltig sein, dass du sie nicht mehr überblicken kannst.
Deshalb gibt es zwischen
schwarz und weiss
noch das ganze Spektrum der Farben.

Zwischen dem Schlag einer Faust ins Gesicht und
dem Versuch, die Luft anzufassen
gibt es alle die Qualitäten wie
Empfinden, Brennen, Schmerzen, Schieben,
Umarmen, Liebkosen, Kitzeln, Küssen,
Streicheln
und der leichte Lufthauch auf der Haut.

Deine Welt besteht aus all diesen Requisiten
aus Leben und Klang,
aus Geschmack, Geruch und Empfinden,
zusammengewirkt in vielen Schichten auf dem
fabelhaften Webstuhl deines Gehirns.

Dein Gehirn.
Das komplizierteste Ding der Welt.
Das du selbst entwickelt hast, ohne auch nur daran zu denken.

Du bist immer du gewesen,
denn du, ich, das Selbst
ist einfach das, was es gibt, und
alles, was es gibt.
Wir alle sind Strahlen aus einem Zentrum,
Zitzen einer Sau,
Töne auf einer Flöte,
für immer und ewig.

Aber es wird nicht eintönig
oder langweilig
weil wir es dauernd wieder vergessen.

Wir lassen die *An* weitergehen,
indem wir die *Aus* dazwischensetzen.

Wie gross ist ES?
Wie lange dauert An?
Wie lange dauert Aus?

Sagen wir, Mann und Frau, das Leben des Menschen,
ist ein Tanz, der 4 320 000 Jahre dauert.
(Nur um eine Vorstellung der Ausdehnung zu geben.)
Und natürlich
gibt's noch die verschiedensten anderen Tänze, die zur gleichen
Zeit getanzt werden
mit ihren eigenen Rhythmen.
Sternen-Tänze
Felsen-Tänze
Fisch-Tänze
Insekten-Tänze
Pflanzen-Tänze
und eigenartige Szenen mit Tieren wie
Krokodil-Tänze und
Elefanten-Tänze.

Der Menschen-Tanz dauert 4 320 000 Jahre,
die Zeitspanne, die wir ein Kalpa nennen.
Ehe es beginnt und
nachdem es endet
gibt es immer ein anderes Kalpa
oder eine Aus-Periode,
während welcher das Selbst einfach das Selbst ist
und nicht dergleichen tut, es wäre dieses ich oder jenes du.
Wir nennen diese Ruhezeit
Frieden. Unbeteiligtsein. Reine Glückseligkeit.

Wenn die 4 320 000 Jahre der Ruhe zu Ende gehen,
beginnt der Tanz von Neuem,
obwohl es immer so scheint, als sei es zum ersten Mal.
Jeder Tag ist heute.

Und dann,
durch viele Jahrhunderte,
durch viele Rhythmen von Wachen und Schlafen,
Leben und Tod,
dehnst du deine Welt aus durch eine Zeitspanne, die
in ihren Stimmungen schwankt
wie ein Regenbogen, der von
violett bis rot reicht, von
königlichem Entzücken bis zu Zerstörung und Feuer.
Denn wie es kein purpurnes Violett gibt ohne Rot,
so gibt es kein Entzücken ohne Pein.

Es gibt vier grosse Unterteilungen des Kalpa.
Man hat sie mit den vier Würfen im Würfelspiel der Hindus
verglichen.
Zuerst kommt der vollkommene Wurf der vier.
Dann der etwas unvollkommene Wurf der drei.
Weiter der Wurf der zwei und
schliesslich der schlimmste Wurf der eins.

Und so dauert der erste Zeitraum 1 728 000 Jahre,
während denen die ganze Welt so vollkommen ist wie eine
frische Blume und
so makellos wie die Haut eines jungen Mädchens.

Der zweite Zeitraum ist ein wenig kürzer.
Er dauert 1 296 000 Jahre,
in denen ein kleines Stückchen Übel und Zerfall ins Leben tritt,
und die Spitzen der Blütenblätter sind ein kleines bisschen braun.

Der dritte Zeitraum dauert 864 000 Jahre.
In diesem Zeitalter sind die Kräfte des Bösen und des Guten
gerade im Gleichgewicht.

Der vierte Zeitraum dauert nur 432 000 Jahre,
während denen die Mächte des Bösen und der Zerstörung die
Herrschaft übernehmen.

Zuletzt
nimmt dein ewiges Selbst
die Form von Shiva an, dem Gott der Erneuerung durch Tod,
blauleibig und zehnarmig mit einem Halsband aus Schädeln.
Aber mit einer Hand zu einer Geste erhoben, die uns daran
erinnert, dass all dies
Illusion ist und Spiel.
Shiva tanzt den Tanz des Feuers
in dem die materielle Welt zerstört wird.
Und das Selbst kehrt zurück in den Zustand von
Frieden
Unbeteiligtsein und
reiner Glückseligkeit.

All dies geht unaufhörlich weiter,
durch Kalpa nach Kalpa nach Kalpa,
und nicht nur in dieser sichtbaren Welt,
die wir das Universum nennen.

Denn dieses Universum, das wir kennen,
ist nur ein Stäubchen in einem anderen Universum.
Und jedes Stäubchen dieses Universums, das wir kennen,
enthält auch winzig kleine Universen, und doch unermesslich.
Grenzenlos nach innen ins Atom,
grenzenlos nach aussen in die Kälte.
Wie weit auch immer,
wie unbegreiflich auch immer,
wie erschreckend auch immer diese ganze Auffächerung
erscheinen mag,
alles davon ist in seiner Wurzel
dein allerinnerstes Selbst,
das Selbst, das du nicht berühren kannst,
noch sehen
noch festnageln,
noch beherrschen
weil es zu dicht bei dir ist,
zu nahe,
genau in der Mitte von allem.

Weil du es ist.

Sie ist schwarz

Stell dir einmal anstatt Gott-Vater Gott-Mutter vor, anstatt gleissender Helligkeit abgrundtiefe Finsternis, aus der alles entspringt. OM.

Es gibt eine alte Geschichte von einem Astronauten, der weit in den Raum hinausgeflogen ist, und der nach seiner Rückkehr gefragt wurde, ob er im Himmel gewesen sei und ob er Gott gesehen habe.

>«Ja», sagte er.
>«Na, und wie ist Gott?»
>«Sie ist schwarz.»

Obwohl diese Geschichte schon recht abgegriffen ist, hat sie doch einen sehr tiefen Sinn.

Ich kannte einen Mönch, der als Agnostiker ins Leben hinaustrat. Er begann dann Henri Bergson, den französischen Philosophen, der die Vitalkraft (élan vital) zu seinem Thema machte, zu lesen, und je weiter er sich in diese Art philosophischer Schriften vertiefte, desto mehr wurde ihm bewusst, dass diese Leute eigentlich von Gott sprachen.

Ich selbst habe sehr viel von den theologischen Beweisführungen über die Existenz Gottes gelesen, und immer gehen sie mehr oder weniger von folgendem Gedankengang aus: Wenn du intelligent und vernünftig bist, kannst du nicht aus einem mechanischen und sinnlosen Universum hervorgegangen sein. Feigen wachsen nicht an Disteln, Weintrauben wachsen nicht an Dornbüschen; deshalb kannst du, als ein Ausdruck des Universums, als eine Öffnung, durch die das Universum sich selbst beobachtet, nicht bloss ein glücklicher Zufall sein.

Denn, wenn die Welt Menschen hervorbringt, wie ein Baum seine Früchte, dann muss das Universum selbst – die Energie, die ihm zugrunde liegt, das, worum es eigentlich geht – intelligent sein.

Nun, wenn du zu diesem Schluss gelangt bist, musst du sehr vorsichtig sein, weil die Gefahr besteht, dass du gleich einen unberechtigten Sprung zu dem weiteren Schluss machst, dass diese Intelligenz, diese wunderbare planende Macht, die all dies hervorbringt, der Gott der Bibel sei.

    Sei vorsichtig.

Denn diesen Gott stellt man sich – entgegen Seinen eigenen Geboten – im allgemeinen als das geschnitzte Abbild eines väterlichen, autoritären, wohltätigen Tyrannen aus dem mittleren Osten vor. Man fällt sehr leicht in diese Falle, denn alles ist dafür vorbereitet, institutionalisiert in der römisch-katholischen Kirche, in der Synagoge, in den protestantischen Kirchen – alles ist schön vorbereitet für dich, damit du es annimmst.

Unter dem Druck gesellschaftlicher Übereinstimmung ist es ganz natürlich anzunehmen, dass jemand, wenn er das Wort *Gott* braucht, damit diese Vaterfigur meint, denn selbst Jesus verwendete das Gleichnis des Vaters, um seine Erfahrung mit Gott darzustellen.

Er *musste* wohl, denn es gab für ihn in seiner Kultur keinen anderen Vergleich.

Heutzutage rebellieren wir gegen das Bild des autoritären Vaters. Dies gilt insbesondere für die Vereinigten Staaten, die eher eine Republik als eine Monarchie sind. Wer aber das patriarchalische Gottesbild zurückweist, braucht deshalb noch längst kein Atheist zu sein.

Ich habe etwas im Namen Gottes befürwortet, das man Atheismus nennt. Ich meine damit ein Erlebnis mit Gott; einen Kontakt, eine Beziehung zu Gott, die nicht in irgendeinem besonderen Bild ausgedrückt oder verkörpert werden müsste. Theologen mögen im grossen und ganzen diese Idee nicht besonders.

Wenn ich mit ihnen diskutiere, neigen sie, wie ich meine, dazu, in bezug auf die Natur Gottes etwas dickköpfig zu sein. Sie betonen, dass Gott tatsächlich eine ganz spezifische Natur habe. Dieser ethische Monotheismus behauptet, dass die beherrschende Macht dieses Universums einige äusserst bestimmte Meinungen und Regeln hat, an die wir unser Denken und Handeln anzupassen haben. Wenn du nicht aufpasst, streichst du dem Universum gegen den grundlegenden Strich und wirst dafür bestraft. In der altmodischen Ausdrucksweise wirst du für alle Ewigkeit im Feuer der Hölle brennen. Modern ausgedrückt wirst du kein wahrer Mensch werden. (Das ist einfach eine andere Art, vom selben zu sprechen.)

Da gibt es dieses Gefühl, siehst du, dass hinter der Welt diese *Autorität* steht, und dies bist nicht du, sondern etwas anderes. Dieser Zugang, der Jüdisch-Christlich, und selbstverständlich auch Moslemisch ist, bewirkt, dass sich eine Menge Leute von ihren Wurzeln und ihrem Wesensgrund entfremdet fühlen. Tatsächlich gibt es sehr viele Menschen, die niemals erwachsen werden und die in dauernder Ehrfurcht erstarren vor dem Bild des Grossvaters.

Heute bin ich selbst ein Grossvater und habe keine heilige Scheu mehr vor Grossvätern. Ich weiss, dass ich genauso dumm bin, wie es meine Grossväter waren. Deshalb habe ich nicht die Absicht, mich vor einem Gottesbild mit einem langen weissen Bart zu verbeugen!

Wir intelligenten Menschen glauben nicht an diese Art Gott, nicht wirklich. Ich meine, wir denken, dass Gott Geist ist, dass Gott unbestimmbar und unendlich ist und lauter solche Sachen; nichtsdestoweniger haben aber die Bilder von Gott eine sehr viel mächtigere Wirkung auf unsere Gefühle, als auf unsere Gedanken.

Und wenn Leute die Bibel lesen und Choräle singen wie: «Lobe den Herren, den mächtigen König der Ehren», und «Der Höchste herrscht in Majestät und Pracht, sein Schmuck ist Gnade, Herrlichkeit und Macht», dann hängt ihnen immer noch dieser Bursche da oben mit dem Rauschebart nach. Das sitzt eben tief drin in ganz alten Gefühlen.

Um das wettzumachen, sollten wir in entgegengesetzten Bildern denken. Und das Gegenbild heisst:

    Sie ist schwarz.

Stell dir statt Gott-Vater,

    Gott-Mutter vor,

und anstelle eines erleuchteten Wesens im Strahlenglanz

    eine abgrundtiefe Finsternis.

Diese Idee hat in der hinduistischen Mythologie Gestalt angenommen in Kali, der Grossen Mutter. Sie wird in den fürchterlichsten Abbildungen dargestellt. Kali hat Reisszähne und eine herausleckende Zunge, die von Blut trieft; sie hält einen Säbel in der einen Hand, einen abgeschlagenen Kopf in der anderen und trampelt auf dem Körper ihres Mannes Shiva herum. Shiva stellt übrigens dazu noch den zerstörerischen Aspekt der Gottheit dar, in dem sich alles auflösen kann, um von neuem geboren zu werden. Da haben wir diese blutrünstige, schreckliche Mutter als das Abbild der höchsten Wahrheit hinter diesem Universum. Sie ist die Vertreterin all der entsetzlichsten Dinge, vor denen wir uns am meisten fürchten.

    Dies ist ein sehr wichtiges Bild.

Nimm an, du fühlst dich im Augenblick recht wohl. Der Grund, weshalb du weisst, dass du dich recht wohl fühlst ist, dass du weit, weit weg in deinem Hinterkopf die Empfindung von etwas ganz und gar Entsetzlichem hast, das einfach nicht geschehen darf. Und so fühlst du dich im Vergleich zu dem, was nicht geschieht und auch nicht unbedingt zu geschehen braucht, recht wohl.

Dieses ganz und gar entsetzliche Ding, das nicht geschehen darf, das ist Kali.

Wir müssen anfangen uns zu fragen, ob die Gegenwart dieser Kali nicht in gewisser Weise von Gutem ist. Wie könntest du wissen, dass es gut steht, wenn es nicht etwas gäbe, das ganz und gar nicht so gut wäre?

Sie ist schwarz. Das ist nicht eine endgültige Einstellung, sondern ein Wegweiser, wie wir anfangen könnten eine Frage ins Auge zu fassen und wie wir unser Denken aus seinen gewohnten Gleisen herauskriegen können.

Sie, das heisst das Weibliche, stellt das dar, was in der Philosophie das negative Prinzip genannt wird. Natürlich hören Leute unserer heutigen Kultur, die für die Frauenbewegung sind, nicht gerne, dass das Weibliche mit dem Negativen in Verbindung gebracht wird, weil das Negative einen sehr üblen Beigeschmack bekommen hat. Wir sagen, wir sollten das Positive hervorheben, dies ist aber eine rein männlich-chauvinistische Haltung. Wie könntest du wissen, ob du ausserordentlich bist, wenn es nicht als Gegensatz auch etwas Innerordentliches gäbe?

Du kannst das Konvexe nicht ohne das Konkave schätzen.
Du kannst das Feststehende nicht ohne das Nachgiebige schätzen.
Deshalb ist die sogenannte Negativität des weiblichen Prinzips offensichtlich lebenspendend und sehr wichtig.

Wir leben aber in einer Kultur, die das nicht zur Kenntnis nimmt. Zum Beispiel richten wir unsere Aufmerksamkeit auf Gestalten und vernachlässigen den Hintergrund. Wir sehen ein Bild, die Darstellung eines Vogels, und bemerken nicht das weisse Papier, das den Grund bildet. Wir sehen ein gedrucktes Buch und nehmen an, das Wichtige sei das Gedruckte, währenddem das Blatt keine Rolle spielt. Aber wenn du dir das ganze nochmals überlegst, wie könnte da etwas Gedrucktes stehen ohne das Blatt, das ihm als Unterlage dient?

Irgendwie betrachten wir eine unterlegene Stellung, das Darunterliegen wie bei der Missionars-Stellung, als etwas Minderwertiges. Aber Darunterliegen heisst *grundlegend* sein.

Das Wort *Substanz* bezieht sich auf etwas, das darunter steht *(sub* = darunter und stans = stehend). Substanziell, also wesentlich zu sein bedeutet darunterzuliegen, die Stütze zu sein,

    die Grundlage der Welt.

Dies ist die grosse Aufgabe des Weiblichen, die Substanz zu sein.

Das Weibliche wird deshalb vom Weltraum repräsentiert, der in der Nacht schwarz erscheint.

Gäbe es nicht den schwarzen, leeren Raum, gäbe es auch überhaupt keine Möglichkeit, die Sterne zu sehen. Die Sterne scheinen zu uns aus dem Raum, und die Astronomen beginnen sich darüber klar zu werden, dass Sterne eine Funktion des Raumes sind. Das scheint nun unserem normalen Menschenverstand zu widersprechen, weil wir denken, dass Raum einfach nichts ist, und nicht realisieren, dass Raum vollkommen grundlegend für alles ist, was es gibt.

Das ist wie mit deinem Bewusstsein. Niemand kann sich vorstellen, was Bewusstsein ist. Es ist das flüchtigste Was-auch-immer von allem.

Weil es den Hintergrund bildet für alles andere, was wir wissen, widmen wir ihm nicht besonders viel Aufmerksamkeit. Wir achten auf die Sachen, die sich im Feld unseres Bewusstseins befinden, auf ihre Umrisse, auf die Gegenstände, auf die sogenannten Dinge, die in unserem Gesichtsfeld sind, die Töne, die unser Gehör erfasst, usw. Aber was das ist – was immer es auch sein möge – das alles dies umschliesst, darauf achten wir kaum. Wir können nicht einmal den Versuch machen, darüber nachzudenken.

Es ist, als wolltest du versuchen, deinen eigenen Kopf zu sehen. Versuch mal, deinen eigenen Kopf anzusehen (nicht ein Abbild davon), und was findest du? Nicht einmal ein schwarzes Klümpchen mitten in allen Dingen; du findest einfach gar nichts.

Und doch ist dein Kopf das, von dem aus du siehst; wie der Raum das ist, von dem aus die Sterne scheinen.

Es gibt etwas sehr Merkwürdiges bei alledem. Das, worauf du deinen Finger nicht legen kannst, das, was dir immer entschlüpft, das was vollkommen flüchtig ist –

    das Leere

– scheint absolut notwendig zu sein, damit noch irgendetwas anderes da sein kann. Das wollen wir jetzt noch etwas weiter betrachten.

Kali ist auch das Prinzip des Todes, weil sie einen Säbel in der einen Hand trägt und einen abgeschlagenen Kopf in der anderen.

Tod – darüber nachzudenken ist ungeheuer wichtig. Wir schalten ihn aus. In unserer Kultur wird der Tod unter den Teppich gewischt.

Im Spital versuchen sie, dich so lange als möglich am Leben zu erhalten, obwohl die Lage völlig aussichtslos sein mag. Sie werden dir nicht erzählen, dass du sterben wirst. Wenn die Angehörigen darüber informiert werden müssen, dass es sich um einen «hoffnungslosen» Fall handelt, werden sie oft gebeten, dem Patienten nichts zu sagen. Und alle Verwandten kommen mit lächelnden Masken und sagen: «Na ja, in einem Monat geht's dir wieder besser, und dann fahren wir ans Meer und spannen aus und hören den Vögeln zu.» Und der Sterbende weiss, dass dies ein Theater ist.

Wir haben den Tod mit dem Geheul von Unholden aller Art umgeben. Wir haben schreckliche Formen des Weiterlebens erfunden. Die christliche Vorstellung vom Himmel ist ebenso abscheulich wie die von der Hölle. Kein Mensch möchte für alle Ewigkeit in der Kirche sein!

Kinder sind richtig entsetzt, wenn sie Choräle hören, in denen es heisst: «Demütig liegen wir vor Deinem Throne hingestreckt und blicken unverwandt auf Dich.» Nun, ich könnte diesen Choral mit einer sehr behutsamen theologischen Umdeutung so zurechtlegen, dass er äusserst tiefsinnig wird. Demütig sich niederzuwerfen und doch gleichzeitig aufzublicken (zu sehen) ist eine *coincidentia oppositorum,* ein Zusammenbestehen von Gegensätzen, was sehr tiefsinnig ist. Aber für ein Kind bedeutet es einfach einen steifen Hals.

Wir sind mit der Vorstellung konfrontiert, dass es nach dem Tod geschehen könnte, dass wir unserem Richter gegenüberzutreten haben, demjenigen, der alles über uns weiss. Das ist der Grosse Papa, der weiss, dass du ein unartiger Junge oder ein unartiges Mädchen gewesen bist von allem Anfang an. Er wird geradewegs durch dich hindurchblicken bis ins Herz deiner unechten Existenz – und wird sehen, was da für Ängste und Schuldgefühle hochsteigen!

Oder es kann sein, dass du an die Reinkarnation glaubst und denkst, dein nächstes Leben würde dir die Entschädigungen und Strafen für das bringen, was du in diesem Leben getan hast. Gut, wenn du weisst, dass du in diesem Leben mit einem Mord davongekommen bist, dann weisst du auch, dass im nächsten die furchtbarsten Dinge geschehen werden.

    Du siehst den Tod als eine Katastrophe an.

Dann gibt es wieder andere Leute, die sagen: «Wenn du tot bist, bist du tot.» So, als ob überhaupt nichts geschehen würde. Worüber solltest du dir also den Kopf zerbrechen? Uns gefällt diese Vorstellung nicht ganz, sie erscheint uns gespenstisch. Weisst du, was es heisst zu sterben? Einzuschlafen und niemals wieder aufzuwachen?

Es gibt eine ganze Reihe von Dingen wie das Sterben nicht sein wird. Es wird nicht so sein, als ob man lebendig begraben würde. Es wird nicht so sein, als ob man auf ewig in der Finsternis verweilen würde. Es wird so sein, als ob du niemals je gelebt hättest, sage ich dir. Das gilt nicht nur für dich, sondern für alles andere ebenso. Es hat nie etwas gegeben und da ist niemand, der das bedauert.

    Und es gibt keine Probleme.

Denke ein Weilchen darüber nach.

Ein unheimliches Gefühl beschleicht dich, wenn du wirklich darüber nachdenkst.

Stelle es dir richtiggehend vor.

Einfach gänzlich aufzuhören, wobei du es nicht einmal *aufhören* nennen kannst, denn du kannst nicht aufhören ohne angefangen zu haben. Es gab keinen Anfang, es gab einfach gar-nichts.

Wenn du es dir genau überlegst, dann war es so, bevor du geboren wurdest. Wenn du in der Erinnerung, so weit du kannst, zurückgehst, wirst du an den gleichen Punkt gelangen. Wenn du nun in die Zukunft blickst und dir überlegst wie es sein wird tot zu sein, dann kommen dir seltsame Gedanken. Dass diese Leere das notwendige Gegenstück zu dem ist, was wir *Sein* nennen.

Aber wir alle meinen lebendig zu sein. Wir glauben wirklich hier zu sein. Wie können wir dies als Wirklichkeit erleben, es sei denn, wir sind einmal tot gewesen? Was lässt in uns die Vorstellung aufkommen, dass wir hier sind, wenn nicht der Gegensatz zu der Tatsache, dass wir einmal nicht hier waren? Und später einmal nicht hier sein werden?

Dies ist ein ewiger Kreislauf, wie Anode und Kathode in der Elektrizität. Dies ist es, was

> Sie ist schwarz

symbolisieren soll.

Sie, das Prinzip des Schosses, das Empfangende, das Innerordentliche, die Leere und die Finsternis. Von wo sonst könnte das Licht leuchten, wenn nicht aus der Finsternis?

Wenn wir das begreifen, ergeben sich daraus viele faszinierende Möglichkeiten.

Es gibt kein wirklich reines Schwarz in der Natur. Ich habe eine Katze, die man für schwarz ansieht, die sich aber bei genauerer Betrachtung als dunkelbraun entpuppt. Alle Schatten sind farbig. Wenn ich deprimiert bin, sage ich manchmal: «Hilfe, ich habe die Farbe verloren.» Wie es keine schwarzen Katzen gibt, gibt es auch keine wirklich schwarzen Menschen. Ich bin wohl eher blassrosa als wirklich weiss, während die Haut meiner sogenannt schwarzen Freunde die verschiedensten Brauntöne aufweist.

Gleichzeitig liegt eine tiefere Bedeutung in dem Gebrauch des Wortes *schwarz*. Es ist dies das Prinzip der Nacht. Die Kehrseite des Lichts ist wichtig, weil sie uns deutlich macht, dass Licht nicht Licht sein kann ohne das Schwarz. Deshalb müssen wir die Theologie aufgeben, in der Licht und Finsternis einander unversöhnlich gegenüberstehen.

Es ist ein unübertroffen schizophrener Standpunkt, Licht/weiss als das Gute, das Vollkommene und Erhaltenswerte anzusehen, und Dunkelheit/schwarz als das Böse, Schmutzige, Verabscheuungswürdige. Das Licht und die Dunkelheit, weiss und schwarz, Yang und Yin, sie könnten eines ohne das andere nicht bestehen.

Wir wollen uns die Auflösung der beiden nicht als eine Art trüber Mischung von schwarz und weiss vorstellen. Wir versuchen uns zu überlegen, was Licht und Dunkelheit, schwarz und weiss gemeinsam haben, das unserer Vorstellungskraft entgeht.

Wenn Mann und Frau einander begegnen – wirklich begegnen – geschieht etwas zwischen den beiden, das sich mit ihrer Einbildungskraft nicht erfassen lässt.

«Ich liebe dich.»

Was heisst das?

Eine Frau fragt einen Mann vielleicht: «Warum liebst du mich?» Und er stammelt: «Ich weiss nicht, du hast so ein gewisses Etwas, ich kann nicht sagen, was es ist. Bitte verlange nicht, dass ich es dir erkläre.»

Bei irgendeiner Gelegenheit sagt ein Mann vielleicht: «Die Lage ist völlig eindeutig, die Dinge verhalten sich so und so, jederman begreift das», und die Frau sagt: «Vielleicht, aber irgendetwas hast du dabei vergessen, irgendetwas sehr Wichtiges, das du bei deinen Überlegungen nicht berücksichtigt hast. Für mich stimmt es nicht.»

Das ist das ewige Spiel zwischen den beiden, so dass sie füreinander auf immer ein Geheimnis bleiben werden. Frauen blicken wissend und glauben, dass sie die Männer begreifen. Und die Männer blicken grimmig drein und glauben, dass sie die Frauen begreifen. Doch dem ist nicht so.

Keiner begreift den andern, und so soll es auch sein. Wenn wir alles bis ins Allerkleinste verstünden, würden wir uns langweilen.

Alles wäre vorhersehbar.

Was gibt es Langweiligeres als jemanden so gut zu kennen, dass seine Reaktion auf alles unter der Sonne vorhersehbar ist? Du weisst automatisch, welche Meinung er zu diesem oder jenem Thema haben wird und gibst dir darum schon gar keine Mühe mehr, irgendetwas mit ihm zu diskutieren. Ein solcher Mensch, von dem man zum voraus schon alles weiss, ist sehr verwundbar, denn jedermann, dessen Gewohnheiten absolut voraussagbar sind, ist eine leichte Beute, wie Don Juan Carlos Castaneda erklärt.

Sei immer überraschend, und ausserdem, überrasche dich selbst!

Es gibt nur eine Möglichkeit wie du wirklich regelwidrig sein kannst, indem du nämlich selbst, in deinem eigenen Kopf, nicht weisst, was du als nächstes tun wirst. So hat Jesus gelehrt. Er hat gesagt, dass jeder, der aus dem Geist geboren ist, wie der Wind ist, der weht, wo er will, und du hörst seine Stimme, aber du weisst nicht woher er kommt und wohin er fährt. Auch gab er seinen Jüngern den Rat, sich nicht darum zu sorgen, wie oder was sie reden sollten, denn es werde ihnen in jener Stunde gegeben werden, was sie reden sollten, denn nicht sie seien es, die redeten, sondern der Geist ihres Vaters sei es, der in ihnen redete. (Selbstverständlich werden alle Geistlichen angehalten, ihre Predigten sorgfältig vorzubereiten!)

Das Unbekannte ist es, das für die meisten von uns so furchteinflössend ist.

Wir fürchten, dass Gott – das heisst der Urgrund unseres Seins, die Kraft, die in uns allen zum Ausdruck kommt – unerkannt bleiben könnte. Wir legen uns auf all diese Bilder der einen oder anderen Art fest, seien sie nun weiblich oder männlich, hell oder dunkel, und wir wissen sehr gut, dass das, was für uns das Wesentliche ist, unzugänglich bleibt, und das macht uns Kummer.

Uns friedvoll und wahrhaft in hingebungsvoller Weise der Möglichkeit des Todes zu überlassen, der Nichtexistenz unserer Erinnerungen und unserer Egos; hinüberzuwechseln von der *Ist*heit zu der *Istnicht*heit; dem Weiblichen nachzugeben, was wir ja freudig tun, wenn wir dabei sind, geschlechtlich zu verkehren, ein Vorgang, der in der ganzen Geschichte der Symbolik immer sehr nahe mit dem Tode in Beziehung stand: Dies sind Schritte, die uns sehr viel Angst bereiten.

Wir sind gleichzeitg fasziniert und verängstigt von dieser Sache, die wir sind, die wir nie wissen und nie beherrschen können.

So kommen wir in die Gegenwart des Gottes, der kein Bildnis hat.

Hinter dem Vaterbild, hinter dem Mutterbild, hinter dem Bild von unerreichbarer Helligkeit, und hinter dem Bild von abgrundtiefer und unergründlicher Finsternis gibt es noch etwas anderes, das wir überhaupt nicht erfassen können. Dies ist kein Atheismus im strengen Sinne des Wortes. Es ist eine zutiefst religiöse Einstellung, weil sie in die Tat umgesetzt einer Lebenshaltung entspricht, die vollständig vertraut und loslässt.

Wenn wir uns Bildnisse von Gott machen, stellen sie in Wirklichkeit alle unseren Mangel an Glauben dar. Wir wollen etwas, woran wir uns festhalten können, etwas zum Anklammern, den Fels im Lauf der Zeiten oder was auch immer. Aber nur, wenn wir uns nicht anklammern, haben wir die gläubige Haltung.

Wenn ich dich mit einer Vorstellung konfrontierte, die dir völlig negativ erscheint, die alle Gewissheiten, an denen du meinst festhalten zu müssen, zertrümmerte und dich anscheinend mitten in einer Leere alleinliesse, würde man mich normalerweise für einen Nihilisten halten, für einen Zerstörer. In gewisser Weise ist es wahr, dass dies eine Shiva-Haltung ist, eine zerstörerische Einstellung. Aber wieder kommen wir auf die Idee des Atheismus im Namen Gottes. Nur wenn du bereit bist, alle diese Strukturen loszulassen, kannst du dich wirklich selbst entdecken.

Wenn du alle Idole loslässt, wirst du natürlich entdecken, dass dieses Unbekannte, das die Grundlage des Universums ist, genau du bist.

>Es ist nicht das du, das du zu sein meinst.
>Es ist nicht deine Ansicht über dich selbst.
>Es ist nicht deine Vorstellung oder dein Bild von dir selbst.
>Es ist nicht dein unablässiges Gefühl des Zwangs.

>Dein Selbst, siehst du, ist weit über all das hinaus.
>Es ist etwas, das du niemals in den Griff bekommen könntest.

>Du kannst dich nicht daran klammern;
>warum solltest du das nötig haben?
>Angenommen, du könntest es erfassen;
>was würdest du damit tun?

>*Du kannst es niemals erreichen.*

Die gläubige Haltung diesem tiefen zentralen Geheimnis gegenüber ist, damit aufzuhören, es zu jagen, danach zu haschen.

Wenn dies gelingt, werden sich die erstaunlichsten Folgen einstellen. Wenn ich versuche, mich zu verbessern und mich zu beherrschen, indem ich mich an meinen eigenen Stiefelschlaufen hochhebe, werde ich endlos Energie verschwenden; es ist nicht möglich. Wenn ich den Versuch aufgebe, wird plötzlich alle die Energie, die ich verschwendet habe, für etwas anderes frei.

Die meisten von uns sind in einem dauernden Zustand der Spannung, ob wir am Leben bleiben oder nicht. Jede Minute, die du auf der Autobahn fährst, fragst du dich, ob du überleben wirst. Nimm ein Flugzeug und du fragst dich, ob du überleben wirst. Du fragst dich, woher das Geld kommen soll, um morgen Lebensmittel einzukaufen. Wir sind vollkommen in Anspruch genommen von dieser Notwendigkeit am Leben zu bleiben. Wir sind «des Lebens müde und voller Angst zu sterben».

Stell dir vor, es wird dir klar, dass es keine Rolle spielt, ob du überlebst oder nicht. Musst du wirklich am Leben bleiben?

Würdest du dich nicht viel besser fühlen,
wenn du den Zwang am Leben zu bleiben aufgeben könntest?

Würdest du dich nicht freier fühlen?

Würdest du nicht mehr Energie zur Verfügung haben
für herrliche Dinge?

Würdest du nicht imstande sein, andere mehr zu lieben,
wenn du dich nicht mehr darum kümmern müsstest,
ob du überleben kannst?

Wir haben gelernt, dass wir weitermachen müssen, es ist unsere Pflicht.

Dem ist nicht so.

Alle diese Vorstellungen über das Spirituelle, das Göttliche und das Pflichtgemässe sind nicht die einzige Möglichkeit religiös zu sein.

Es gibt ein unaussprechliches Geheimnis, das uns selbst und der Welt zugrundeliegt. Es ist die Finsternis, in der das Licht scheint. Wenn du die Einheitlichkeit des Universums anerkennst, und dass der Tod so gewiss ist, wie die Geburt, dann kannst du loslassen und annehmen, dass dies der Lauf der Dinge ist.

Und mehr braucht es nicht.